阅读中国·外教社中文分级系列

Reading China SFLEP Chinese Graded R

总主编 程爱民

孔子的故事

The Story of Confucius

编者 敖雪岗

五级主编 敖雪岗

五级 5

上海外语教育出版社
外教社 SHANGHAI FOREIGN LANGUAGE EDUCATION PRESS

主编的话

　　每个学习外语的人在学习初期都会觉得外语很难，除了教材，其他书基本上看不懂。很多年前，我有个学生，他大学一年级时在外语学院图书室帮忙整理图书，偶然看到一本《莎士比亚故事集》，翻了几页，发现自己看得懂，一下子就看入了迷。后来，他一有空就去图书室看那本书，很快看完了，发现自己的英语进步不少。其实，那本《莎士比亚故事集》就是一本牛津英语分级读物。这个故事告诉我们，适合外语学习者水平的书籍对外语学习有多么重要。

　　英语分级阅读进入中国已有几十年了，但国际中文分级教学以及分级读物编写实践才刚刚起步，中文分级读物不仅在数量上严重不足，编写质量上也存在许多问题。因此，在《国际中文教育中文水平等级标准》出台之后，我们就想着要编写一套适合全球中文学习者的国际中文分级读物，于是便有了这套《阅读中国·外教社中文分级系列读物》。

　　本套读物遵循母语为非中文者的中文习得基本规律，参考英语作为外语教学分级读物的编写理念和方法，设置鲜明的中国主题，采用适合外国读者阅读心理和阅读习惯的叙事话语方式，对标《国际中文教育中文水平等级标准》，是国内外第一套开放型、内容与语言兼顾、纸质和数字资源深度融合的国际中文教育分级系列读物。本套读物第一辑共 36 册，其中，一—六级每级各 5 册，七—九级共 6 册。

　　读万卷书，行万里路，这是两种认识世界的方法。现在，中国人去看世界，外国人来看中国，已成为一种全球景观。中国历史源远流长，中国文化丰富多彩，中国式现代化不断推进和拓展，确实值得来看看。如果你在学中文，对中国文化感兴趣，推荐你看看这套《阅读中国·外教社中文分级系列读物》。它不仅能帮助你更好地学习中文，也有助于你了解一个立体、真实、鲜活的中国。

程爱民

2023 年 5 月

目　录

第一章 孔子的时代和家族

 从西周到东周：失去秩序的时代

中国早期的朝代包括夏朝、商朝和周朝。周武王带领军队打败商军，杀了商朝的最后一个国王纣（Zhòu），建立了自己的朝代。在这以后，周王把全国的土地分成几十个诸侯国，让自己的亲人和大臣到这些诸侯国去做国王。纣的哥哥微子也得到命令，带领一部分商朝人建立了自己的诸侯国宋国，孔子的祖先就是宋国人，孔子是宋国国王的后代。

周朝刚建立的时候，注意吸收商朝的经验和教训，在当时领导人周公的带领下，制定了一套国家制度，包括政治、经济、文化、教育等各个方面。这套制度产生了很好的效果，对周朝早期的稳定和发展起到了很好的推动作用。周朝不久就进入到最强大的时候，这段时间被后来的儒家看成黄金岁月。这一套国家制度被称为"礼乐制度"，周公后来也被称为圣人，是孔子的偶像。孔子年轻的时候，晚上睡觉经常梦见周公，他希望自己也能像周公那样，帮助天下恢复周朝黄金岁月时的景象。

但并不是每个国家领导人、每个国王都像周公那样优秀。在经过了最强大的阶段后，周朝很快走向了衰落。特别是碰到了几个糟糕的国王，比如周厉王（Zhōu Lìwáng）、

周　幽王，周朝衰落得更快了。周厉王做了些什么呢？他喜欢财富，对外不断发动战争，对内向老百姓收很多税。老百姓对周厉王不满，批评他，周厉王于是派人到马路上，听到有人批评国王，就把人抓起来。老百姓虽然生气，却也不敢再说什么，在马路上见到熟人，只能用眼神互相打个招呼。

　　周幽王因为一个女人而失去了国家和生命。周幽王喜欢的女人叫褒姒。不知道为什么，褒姒总是一脸不高兴的样子，周幽王为了让她笑，想了很多方法，可是都不起作用。周朝首都周围有用来传递紧急消息的烽火，如果烽火被点燃，各诸侯国的军队都必须赶到首都，帮助国王战斗。有一天，周幽王让人点燃烽火，把各诸侯国的军队骗到了首都。看到那些急忙赶来，脸上全是汗水的各国士兵，褒姒哈哈大笑。周幽王为了让褒姒笑起来，又这样点燃过几次烽火，等到真有敌人的军队来进攻，他再次点燃烽火时，诸侯们再也不相信他，不愿意来首都了。周幽王就这样被敌人杀死了，他儿子在东边的洛邑重新建立周朝，因为首都在东边，所以这个周朝又叫东周。原来的周朝叫西周。

东周虽然还叫<u>周朝</u>，但<u>东周</u>的国王再也不像<u>西周</u>那样有<u>权力</u>了。<u>西周</u>初年的<u>分封</u>制度，也就是把全国分成几十个诸侯国的做法，在<u>周朝</u>刚开始的时候帮助整个天下迅速地稳定下来。但渐渐地，这种制度的破坏作用越来越明显，各诸侯国变得越来越独立，不愿再听<u>东周</u>国王的命令。诸侯国之间也为了土地、人口，经常发生战争，天下变得越来越乱，越来越没有秩序。<u>孔子</u>就生活在这样一个没有秩序的时代，天天梦想着恢复<u>西周</u>的制度。

本级词：

早期 zǎoqī | early

杀 shā | to kill

分成 fēnchéng | to divide (into)

命令 mìnglìng | command

看成 kànchéng | to regard as

岁月 suìyuè | time

偶像 ǒuxiàng | idol

恢复 huīfù | to restore, to return to

景象 jǐngxiàng | scene

糟糕 zāogāo | bad

传递 chuándì | to transmit, to deliver

点燃 diǎnrán | to light up

骗 piàn | to cheat

再次 zàicì | once more, again

超纲词：

家族 jiāzú | family

秩序 zhìxù | order

朝代 cháodài | dynasty

军队 jūnduì | army

国王 guówáng | king

诸侯 zhūhóu | feudal lord

大臣 dàchén | minister

祖先 zǔxiān | ancestor

后代 hòudài | offspring

儒家 Rújiā | Confucian school,
　　　Confucianism

圣人 shèngrén | sage, wise man

天下 tiānxià | land under heaven — the world or
　　　the whole country

衰落 shuāiluò | decline

对外 duìwài | toward foreign

税 shuì | tax

眼神 yǎnshén | meaningful glance

烽火 fēnghuǒ | beacon fire

汗水 hànshuǐ | sweat

进攻 jìngōng | to attack

权力 quánlì | power

分封（制度）fēnfēng (zhìdù) | (the system of)
　　　enfeoffment

练 习

一、根据文章回答问题。

1. 孔子为什么把周公看作是自己的偶像？

_____

2. 孔子梦想的黄金岁月是什么时候？

_____

3. 周朝的分封制度是一种什么样的制度？

_____

二、根据文章判断正误。

（　　　　）1. 周厉王不准别人批评他。

（　　　　）2. 孔子生活在一个很有秩序的时代。

（　　　　）3. 周幽王第一次点燃烽火，是因为有敌人来进攻。

中国早期朝代（Chinese Dynastic History Chart, Early Period）

Dynasty		Starting and Ending Time
Xia Dynasty（夏朝）		
Shang Dynasty（商朝）		
Western Zhou（西周）		? – 771 B.C.
Eastern Zhou（东周）	Spring and Autumn Period（春秋）	770 – 476 B.C.
	Warring States Period（战国）	475 – 221 B.C.
Qin Dynasty（秦朝）		221 – 207 B.C.

二　春秋时期的鲁国

随着周幽王的儿子把首都换到了洛邑，西周变成了东周。东周又分为两个时期，春秋和战国。孔子生活在春秋时期，实际上，正是因为孔子整理过一本名叫《春秋》的历史书，专门记载这段历史，这个时期才被称为春秋。

如果说每段历史都有明显的特点，那么春秋的特点就是权力不断向下转移。自从西周变成了东周，周王直接控制的土地和人民就越来越少，他手中的权力也越来越小，而诸侯国却越来越强大，比如齐国、晋国、秦国、楚国、吴国等。这些诸侯国通过战争，控制了越来越多的土地，他们手中的军队也比周王的军队要强大得多。人类历史的一个规律就是，谁的力量大，就听谁的。这些诸侯国王当然不愿意再听周王的命令，这时，先后出现了五位霸主，就是力量最强的五位诸侯国国王。最有代表性的是齐国国王齐桓公和晋国国王晋文公，他们强迫其他诸侯国听自己的命令，维持当时整个中国的秩序。他们实际上起到了周王曾经的作用，也就是说，周王的一部分权力转移到了他们手中。

权力从周王手中转移给诸侯国国王，但诸侯国国王也并不能保持住本来属于自己的权力，他们的权力又继续向下转移到各自国家的大贵族手中。比如齐国的权力后来就掌握在崔、鲍等几个贵族家庭手中，而晋国的权力是被姓赵、魏、智的几个大贵族家庭分享。春秋时期，战争不断，不仅诸侯国和诸侯国之间因为土地、人口而互相斗争，在各诸侯国国内，各大贵族家庭也因为权力而不断产生斗争。在斗争中，不仅老百姓的生命、财产没有保证，就连各国贵族，甚至国王也经常被杀。按照《春秋》的记录，春秋时期一共有二十三个诸侯国在战争中被消灭，有三十六位诸侯国国王被自己的大臣杀死，被消灭的贵族家庭更是难以统计。这样一个时代，孔子怎么喜欢得起来呢？所以他在《春秋》一书中，更多的是表达一种批评态度。

春秋时的鲁国并不算强大，鲁国东边是强大的齐国，在与齐国的斗争中，鲁国总是处于防守的状态。和春秋时其他诸侯国一样，鲁国的权力也没有掌握在国王手中，而是分别掌握在季孙、孟孙、叔孙这三个大贵族，特别是季孙的手中。在孔子生活的年代，季孙是鲁国真正的领导者，很多时候，他根本不把鲁国国王放在眼里。吃饭时，他让人演奏国王吃饭时才能听的音乐；看舞蹈表演时，他让人跳国王才能看的舞蹈。国王似乎不在乎这些礼节，当然他也没办法阻止。但孔子很在乎，也很生气。孔子在这方面是一个很传统的人，他希望大家都遵守西周时的那些礼节，国王要像个国王，大臣要像个大臣，他接受不了季孙的这些做法。

鲁国的权力大部分落到了季孙的手中，可是真正代表季孙使用这些权力的，却是他的家臣阳虎。这听起来似乎有些讽刺，整个春秋时期，大家都在拼命地争取权力，可权力却从周王转移到诸侯国国王手中，又从诸侯国国王转移到各国大贵族，再从大贵族转移到家臣，比如阳虎的手中。孔子看不懂这个世界，只好把眼光回头望向西周，希望用西周的那一套做法来改变这个混乱的世界。

本级词：

随着 suízhe | happen along with

控制 kòngzhì | to control

先后 xiānhòu | successively

强迫 qiǎngpò | to force

掌握 zhǎngwò | to control, to master

分享 fēnxiǎng | to share

难以 nányǐ | difficult/hard to (do)

遵守 zūnshǒu | to abide by

可 kě | but, however

眼光 yǎnguāng | view

回头 huítóu | to turn back

超纲词：

时期 shíqī | period

霸主 bàzhǔ | a powerful chief of the princes of the Spring and Autumn Period

也就是说 yějiùshìshuō | in other words, that is to say

贵族 guìzú | noblility

斗争 dòuzhēng | to struggle, to fight

消灭 xiāomiè | to eliminate

与 yǔ | with

防守 fángshǒu | to defend

放在眼里 fàngzài yǎnli | to respect, to think highly of

演奏 yǎnzòu | to play (a musical instrument)

舞蹈 wǔdǎo | dance	家臣 jiāchén | retainer
讽刺 fěngcì | to satirize	望 wàng | to look (back)
拼命 pīnmìng | to risk one's life	混乱 hùnluàn | chaos

练 习

一、根据文章回答问题。

1. 为什么孔子生活的时期被称为春秋?

_____

2. 春秋时期，诸侯国国王为什么不愿意听周王的命令?

_____

3. 结合文章内容，谈一谈你对春秋时期的认识。

_____

二、根据文章判断正误。

(   ) 1. 因为有《春秋》这本历史书，所以书中记录的那一段历史就被叫
作春秋。

(   ) 2. 在春秋时期，权力不断地向下转移。

(   ) 3. 春秋时候的鲁国很强大。

三　孔子的祖先：妻子太美的孔父嘉

孔子的祖先里面，除了前面说到的商朝国王等人，还有一个人很重要。他对孔子的家族影响很大，并最终导致了他们从宋国搬到鲁国，让孔子成了一个鲁国人。这个人就是孔父嘉。

孔父嘉做错了什么吗？没有。他最大的问题可能是他妻子长得太美了。

孔父嘉生活的年代，比孔子早了两百年左右。作为宋国国王的后代，孔父嘉在宋国的地位当然很高。他当上了大司马这样的高级官员，相当于今天的国防部部长。他娶了一个很美的妻子，可惜我们不知道她叫什么名字，古代中国的女性很多都没有名字，何况两千七百多年前的一个女子。那她到底美到什么程度呢？有一天，她走在马路上，迎面走来了宋国当时的太宰，相当于今天有些国家的总理。太宰名叫华督，作为宋国地位最高的官员，他肯定见过许多漂亮女人，他也不是不懂礼貌的人。可是他见到孔父嘉的妻子之后，忘了平时应该有的礼貌，两眼直直地看着她一路慢慢地走过来。等到她走到自己身后，他又转过身去看着她的背影，直到她走远了才收回自己的目光。然后他称赞这个女子"美而艳"，也就是说，她不仅长得美，而且还有着一种特别的光彩，像正开着的鲜花那样鲜艳。这种美丽、鲜艳让华督无法忘记，他决心把这个女子抢过来，让她成为自己的女人。

当时的宋国国王很信任孔父嘉，让孔父嘉负责与旁边的郑国等国家的战争。国王有个敌人，名叫冯，是死去国王的儿子，对现在国王的地位造成了很大的威胁。冯这时逃到了郑国，得到郑国的保护，宋国国王为了杀掉这个敌人，只好不停地与郑国发生战争。战争打得有些多，十年打了十一场。战争多了，在战争中死去的人也就很多，还有很多人的财产也受到了很大的破坏。宋国上上下下，从高级官员到普通老百姓，对打了这么多场战争都很不满。

国王信任孔父嘉，却不信任华督，把战争这样重要的事情都交给孔父嘉负责，这对华督造成了很大的伤害，给他的权力带来了很大的威胁。华督本来就对孔父嘉很不满，现在又想抢孔父嘉的妻子。他让人在宋国传递谣言，说这些战争都是孔父嘉带来的，孔父嘉是个骗子，他骗了国王，让国王发动了这些战争。谣言的力量是很可怕的，而愿意了解、能够了解真实情况的人又有多少呢？宋国人因此恨上了孔父嘉。华督很快就带着生气的宋国人把孔父嘉杀掉了，同时也没忘记把他美丽的妻子抢过来。对华督做的这些事情，宋国国王很生气，华督于是把国王也一起杀掉，然后把国王的敌人冯请回宋国，让他当了宋国新的国王。

　　孔父嘉在权力斗争中失败被杀，新国王是支持华督的。在这样一个国家，孔父嘉的儿子看不到什么希望，于是逃到鲁国。两百年以后的孔子也就成了鲁国人。

本级词：

可惜 kěxī | unfortunately

女性 nǚxìng | woman, woman kind

肯定 kěndìng | certainly

礼貌 lǐmào | politeness

一路 yílù | all the way

目光 mùguāng | sight

有着 yǒuzhe | to possess, to have

鲜艳 xiānyàn | bright-colored

抢 qiǎng | to grab

逃 táo | to run away, to flee

骗子 piànzi | swindler, fraud

恨 hèn | to hate

超纲词：

最终 zuìzhōng | finally, in the end

官员 guānyuán | official

国防部 guófángbù | Ministry of National
　　　　Defense

娶 qǔ | to marry (a woman)

何况 hékuàng | let alone, in any case,
　　　　quite apart from

迎面 yíngmiàn | head on

太宰 tàizǎi | prime minister

相当于 xiāngdāngyú | to be equal to

背影 bèiyǐng | a figure viewed from behind

光彩 guāngcǎi | luster, glory

威胁 wēixié | threat

谣言 yáoyán | rumor

练 习

一、根据文章回答问题。

1. 华督为什么要杀害孔父嘉?

_____

2. 宋国国王为什么要和郑国打那么多场战争?

_____

3. 为什么孔子的祖先要从宋国逃到鲁国?

_____

二、根据文章判断正误。

( ) 1. 孔子是商朝国王的后代。

( ) 2. 孔父嘉因为自己的原因,不停地与旁边国家发生战争。

( ) 3. 相比华督,宋国国王更信任孔父嘉。

四　孔子的父亲和母亲

孔子的家族无疑是中国最大的家族，也是中国历史上存在时间最长的家族之一，向上可以一直追踪到商朝的建立者商汤。在这个家族漫长的历史中，出现了很多星光闪闪的伟大人物，但到了孔子父亲这一代，星光不再那么亮了，这个家庭开始没落，变得不那么高贵了。最直接的表现就是，孔子父亲在鲁国只做了一个小官。

孔子父亲叫孔纥（Kǒng Hé），字叔梁（Shūliáng），史书上都称他为"叔梁纥（Shūliáng Hé）"，作为宋国人的后代，不管祖先在宋国多么高贵，来到新的国家，总是要被降一级。所以到叔梁纥的时候，他已经下降为鲁国最低一级的贵族。叔梁纥曾经在陬邑（Zōu Yì）做官，这个地方不大，所以叔梁纥在鲁国也不是那么显眼。但叔梁纥有个很明显的特点，他身材特别高大。有人计算过，他身高大概一米九，在古代的中国，这已经非常高了。孔子在这方面继承了他父亲的特点，孔子也长得很高，身高也达到了一米九以上。

叔梁纥不光长得高，力气也很大。有一年鲁国与别的国家发生战争，叔梁纥作为战士，跟随鲁国贵族去打仗。在进攻一个城市时，鲁国的一些战士首先冲进城门，但被城里的敌人包围，只好又从城里撤退。这时，敌人已经开始放下城门铁闸，要是铁闸放下，城门关死，这些鲁国战士都会被关在城里，被敌人杀死。关键时刻，叔梁纥冲到城门下，用自己的两只手托起铁闸，把鲁国战士从城里救了出来。鲁国大贵族孟孙称赞说，叔梁纥的力气比老虎还大。

老虎也有老的时候。叔梁纥年纪越来越大，快七十岁了，却总是担心自己没有继承人。按照一些史书的说法，叔梁纥与他的妻子一共生了九个女儿。女儿虽然多，但在中国古代，女孩子并不能作为继承人，继承家庭的贵族身份与财产。叔梁纥还有一个小妾，这个小妾倒是为叔梁纥生了一个儿子，可是这个儿子的腿脚有些残疾。按当时的规定，他也无法成为家庭的继承人。叔梁纥不想让家族结束在自己手中，不想对不起自己的祖先。

叔梁纥打听到一户姓颜的人家，家里有三个女儿，就去找那家的父亲，希望能娶他的一个女儿，可是哪个年轻的女孩子会愿意嫁给一个六十多岁的老头子呢？史书上说，这位父亲劝说女儿们，说叔梁纥属于一个伟大的家族，这个家族历史上出过一些圣人。在这位父亲看来，女儿嫁给叔梁纥，有机会成为这个伟大家族的一员，那是相当光荣的。可是两位姐姐都拒绝嫁给叔梁纥。我们不知道孔子母亲 颜徵在 _{Yán Zhēngzài} 当时是怎么想的，但她最终答应嫁给叔梁纥，当时她才十五岁，后来还生下了孔子。这是不是真的呢？谁也不知道。也许是因为叔梁纥答应给那位父亲一些钱财，这位父亲便狠心把自己的小女儿嫁出去了吧。

本级词：

无疑 wúyí | no doubt

漫长 màncháng | long

人物 rénwù | person

高大 gāodà | tall, tall and big

继承 jìchéng | to inherit

跟随 gēnsuí | to follow

城里 chénglǐ | (in the) town

包围 bāowéi | to surround

关键 guānjiàn | critical, crucial

说法 shuōfǎ | parlance, wording

倒是 dàoshì | (indicating unexpectedness)

光荣 guāngróng | honor

拒绝 jùjué | to refuse

超纲词：

追踪 zhuīzōng | to trace

不再 búzài | no more

没落 mòluò | to decline, to wane

高贵 gāoguì | noble

显眼 xiǎnyǎn | conspicuous

打仗 dǎzhàng | to fight a battle

撤退 chètuì | to retreat, to withdraw

铁闸 tiězhá | portcullis

小妾 xiǎoqiè | concubine

残疾 cánjí | disability

嫁 jià | (of a woman) marry

劝说 quànshuō | to persuade

钱财 qiáncái | money

便 biàn | then

狠心 hěnxīn | cruel-hearted

练习

一、根据文章回答问题。

1. 为什么说孔子家族是中国历史上最大的家族之一?

_____

2. 文章中哪件事证明了叔梁纥不仅长得高，力气也很大?

_____

3. 叔梁纥为什么要在六十多岁时娶颜徵在?

_____

二、根据文章判断正误。

（　　）1. 孔子是他父亲的大儿子。

（　　）2. 孔子和他父亲叔梁纥一样，都长得很高。

（　　）3. 叔梁纥一直到六十多岁的时候，还在为自己的继承人问题而烦恼。

第二章 青少年时期

一 孔子的出生

公元前551年，孔子在鲁国陬邑出生了，这时候鲁国的国王是鲁襄公。孔子

公元前551年，孔子在鲁国陬邑出生了，这时候鲁国的国王是鲁襄公。孔子
出生的时候，他父亲叔梁纥已经快七十岁了。

有关孔子的出生，史书中的内容让后世中国人感到
有些难为情。中国著名的历史书《史记》说孔子的父
母没有正式结婚就生下了孔子。作为一个圣人，他的
出生怎么可以不符合社会风俗呢？所以不少人怀疑
《史记》的这条记录。但仔细想想，《史记》的
记载还是比较可信的。

《史记》里面提到一个细节，孔子的母
亲颜徵在不知道叔梁纥的坟墓在哪儿。按道
理，如果颜徵在真与叔梁纥正式结婚了，
是叔梁纥的正式妻子，那么她怎么可能不
知道丈夫埋在哪儿呢？这只能说明，叔梁
纥死后举行葬礼的时候，颜徵在没有以妻
子的身份参加，甚至她可能都没有资格参

加葬礼，因此不知道叔梁纥的坟墓在哪儿。孔子后来是通过一位邻居老太太，才知道自己父亲埋在哪儿。邻居都知道的事情，颜徵在却不知道，这说明了什么？

不管怎么说，颜徵在与叔梁纥生活在一起，然后生下了孔子。在中国古代史书的记载中，圣人的外貌都有些奇特，比如舜(shùn)的眼睛有两个瞳孔，周文王有四个乳头。孔子作为圣人，他的外貌也并不普通，按照《史记》的说法，他的脑袋有些与众不同。普通人的脑袋，头顶是向上突起的，可是孔子的头顶却是中间低，四周高，看起来有点像他家乡的尼丘山，所以他父亲就给他取名叫丘(Qiū)，字仲尼(Zhòngní)。

孔子小时候的生活过得有些艰难，他三岁的时候，叔梁纥死了。叔梁纥的死，让这个家庭一下子失去了经济来源。叔梁纥只是地位最低的贵族，官位不高，活着的时候工资并不高，留给孔子他们的财产也没有多少。

对于颜徵在与孔子来说，面临的还不只是经济上的困难。叔梁纥死的时候，他的妻子施氏和小妾不知道是否还活着。叔梁纥的九个女儿，有些可能已经嫁人，也有些可能没到结婚年龄还留在家里，此外，孔子还有一个同父异母的哥哥，这样一个大家庭，相互之间的关系肯定比较复杂。颜徵在这个十八岁左右的年轻妈妈，带着三岁的孔子，没有什么生活经验，如何应付得过来呢？很快，颜徵在就带着孔子离开了这个大家庭，回到鲁国首都曲阜(Qū Fù)的父母家，至于离开的具体原因，我们今天已经不知道了，不知道这个家庭当时发生了什么。颜徵在母子俩回到曲阜后，住在阙里(Què Lǐ)，在这个简陋的小街道，三岁的孔子，今后会走上一条什么样的人生道路呢？

本级词：

仔细 zǐxì | careful

邻居 línjū | neighbour

四周 sìzhōu | around

艰难 jiānnán | hard, difficult

一下子 yíxiàzi | in a short while, all of a sudden

年龄 niánlíng | age

超纲词：

有关 yǒuguān | about, concerning

后世 hòushì | posterity

难为情 nánwéiqíng | embarrassed

可信 kěxìn | credible

坟墓 fénmù | tomb

葬礼 zànglǐ | funeral

外貌 wàimào | appearance

奇特 qítè | peculiar

瞳孔 tóngkǒng | pupil

乳头 rǔtóu | nipple

与众不同 yǔzhòng-bùtóng | different from the rest

普通人 pǔtōng rén | ordinary/common man

头顶 tóudǐng | top/crown of the head

突起 tūqǐ | to rise abruptly

大家庭 dàjiātíng | big/extended family

应付 yìngfu | to deal with

至于 zhìyú | as for

简陋 jiǎnlòu | simple and crude

练 习

一、根据文章回答问题。

1. 根据《史记》记载，叔梁纥与颜徵在没有正式结婚就生下了孔子，文章为什么认为这个故事比较可信？

　　_____

2. 孔子的外貌和一般人有什么不同？

　　_____

3. 离开陬邑后，孔子和他母亲去哪儿生活了？

　　_____

二、根据文章判断正误。

（　　）1. 颜徵在知道孔子父亲的坟墓在哪儿。

（　　）2. 孔子很小的时候，父亲就去世了。

（　　）3. 孔子小时候，家里经济条件很好。

17

二　与众不同的志向

　　鲁国首都曲阜是当时中国最大的几个城市之一，街道、市场都比较热闹、繁华，但繁华一般属于有钱人，与阙里的人们好像没什么关系。今天的考古学家发现，阙里一带离市中心较远。这里的街道狭窄、简陋，虽然也很热闹，但住在这里的人，经济条件都不是太好，很多都是手艺人，比如阙里周围就有漆匠等集中居住的一条街。孔子后来开学校做老师，最早的几个学生都是穷人家的孩子，比如颜路、漆雕开^{Qīdiāo Kāi}等。

　　颜徵在带着年龄很小的孔子，孤儿寡母的，日子过得有些艰难，和阙里的邻居们倒是没什么不同。孔子到了老年，回忆这一段生活说："我小时候家里很穷，社会地位也很低。"但孔子父亲是贵族，孔子继承父亲的身份地位，也应该是个贵族，虽然是最低一级的，他的社会地位还是应该比他的邻居们要高一些。

　　按照一般的情况，像阙里这种地方的孩子，不管是儿童还是青少年，很容易成为"马路青年"，他们接受不到什么像样的教育，家里也没人管，大部分时间

都在街上打打闹闹，等到一定的年龄，他们就去学手艺，赚钱养活自己，走上各自辛苦的人生道路。但孔子与身边的这些孩子很不一样，按照《史记》的记录，孔子小时候最喜欢学着大人们，主持各种礼仪活动，这真是一种特别的兴趣。孔子后来成为儒家的代表人物，可能与他小时候就有的兴趣有关。所谓"儒"，在孔子出生以前就存在了，但那时候的"儒"，还不是一个思想流派，更像是一种职业，一种工作。做这种工作的人，主要是靠着给别人主持各种仪式来赚钱，就像木匠给人做家具，厨师给人做饭，然后获得收入一样。孔子小时候的这种兴趣，是天生的，还是受到家人比如他母亲的影响呢？或者孔子家附近有从事"儒"这种职业的人，孔子受到了他的影响？我们当然不知道问题的答案，但孔子的这种兴趣对他今后的人生道路显然影响很大。

为了把仪式主持得更真实一些，孔子很注意观察身边举行的各种仪式，碰到不明白的地方，他也总是很认真地向大人请教，这个习惯一直保持到他成年。《论语》夸奖孔子，说他参加鲁国政府组织的仪式，"每事问"，什么事都要问个清楚。就是在认真学习礼仪的过程中，孔子增长了知识，也不断扩大自己的学习范围，从关注礼仪活动，到关注礼仪背后的思想、文化，开始踏上成为圣人的道路。孔子后来回忆说，他十五岁就立志求学。能够这么早就定下人生的志向和目标，一方面说明，孔子与普通人不同；另一方面也说明，孔子确实从学问中找到了乐趣，主动要学习。所以孔子才会说出一句中国人都知道的话："学而时习之，不亦说(悦)乎？"学习不也是一件快乐的事情吗？

本级词：

一带 yídài | surroundings

艰难 jiānnán | hard, tough

回忆 huíyì | to recall

辛苦 xīnkǔ | toilsome, laborious

组织 zǔzhī | to organize, to arrange

超纲词：

繁华 fánhuá | prosperous

考古学家 kǎogǔxuéjiā | archaeologist

狭窄 xiázhǎi | narrow

手艺 shǒuyì | skill

漆匠 qījiàng | lacquerer

孤儿寡母 gū'ér-guǎmǔ | orphan and widow

像样 xiàngyàng | presentable, decent

打打闹闹 dǎdǎ nàonào | to fight in jest
　　　　or for fun

礼仪 lǐyí | etiquette

所谓 suǒwèi | so-called

流派 liúpài | school (of thought)

仪式 yíshì | ceremony, rite

赚钱 zhuànqián | to make money

木匠 mùjiàng | carpenter

厨师 chúshī | cook, chef

天生 tiānshēng | inborn

成年 chéngnián | to be/come of age

夸奖 kuājiǎng | to praise

踏上 tàshang | to set foot on

求学 qiúxué | to pursue one's studies

志向 zhìxiàng | ambition

不亦说(悦)乎 búyìyuèhū | Isn't it a great
　　　　pleasure?

练 习

一、根据文章回答问题。

1. 按照文章的意思，"马路青年"是些什么样的青年？

_____

2. 从哪里可以看出孔子从小就与众不同？

_____

3. 请谈一谈你对"学而时习之，不亦说(悦)乎？"这句话的理解。

_____

二、根据文章判断正误。

（　　）1. 曲阜是当时的一个小城市。

（　　）2. 孔子小时候的兴趣爱好和别的小朋友没什么区别。

（　　）3. 儒家在孔子出生以前就有了。

三　仓库管理员和养牛养羊

孔子给人们留下的一个印象是，他好像什么都会做，什么都知道。这一方面与孔子立志求学有关，另一方面也与孔子青少年时期的艰苦经历有关。

孔子变成名人后，有一次，吴国的大贵族伯嚭碰到孔子的学生子贡，就问子贡："你老师孔子是个圣人吧？为什么他的能力那么强呢？"很难判断伯嚭这句话是称赞孔子，还是嘲笑他。因为当时贵族家里都有仆人，很多事情并不需要自己亲自动手。孔子既然也是贵族，为什么会做那么多杂事，难道是个假贵族？如果把伯嚭这句话理解为真心称赞孔子，那么这大概是世界上最早把孔子称为"圣人"的话。子贡是孔子的学生，听到别人这样说老师，自然要往夸奖那个方向去理解。他就顺着伯嚭的话回答："是老天爷安排他成为圣人，又让他多才多艺。"

子贡回来后，把伯嚭说的话告诉孔子。孔子很惊讶，伯嚭是吴国的高级官员，"他怎么知道我这个普通人呢？"同时，孔子又很谦虚，并不认为自己是个圣人。他解释说，自己之所以会做的事情多，懂的东西多，是因为以前生活太艰难了，为了养活自己和母亲，做过很多种工作，特别是贵族们不屑做的那些工作。如果为了治理国家，反而没必要知道那么多了。

按照《史记》的说法，孔子青年时并不受重视，曾经到当时鲁国的大贵族季孙家里，为季孙管理仓库，也做过养牛养羊的工作。这些工作并不是孔子喜欢的，但有时候，人为了要活下去，就没有别的选择。孔子做事一向认真，让他管理仓库，他就把仓库管理得井井有条，仓库里有哪些东西，进出过哪些东西，放在哪儿，他都记录得很清楚。让他养牛羊，他就把牛羊喂得又肥又壮，牛羊的数量增长了不少。拿了别人的工资，就要把事情做好，这叫做"忠"，是孔子一生都很重视的一种品德。

但孔子也知道，自己的人生不仅是养牛养羊。在当时那个社会，管理仓库、养牛养羊很难实现一个人的人生价值。如果把自己限制在这些具体的工作中，那就很难让自己从日常事务中脱离出来，很难站在更高的层次上，思考更深的问

题，承担更重的社会责任。孔子后来教育他的学生说，作为一个贵族，应该"不器"。"器"是物品。喝水的杯子是器，吃饭的碗是器，桌子是器，床也是器。同样的材料，做了杯子，就做不了碗，做了桌子，就做不了床。所谓"不器"，就是人不要把自己限制在某种具体的工作当中，应该给自己保留更多的可能性，应该随时有承担更大责任的打算。孔子有个学生叫<u>樊迟</u> ^{Fán Chí}，总是向孔子问一些种菜、种树的问题，孔子批评他是个"小人"。你要是只想做个农民，那就向那些更有经验的老农民学习好了，不要到我的学校来。孔子并不是看不起农民，他是批评樊迟只想学技术，没有远大的志向。

本级词：

艰苦 jiānkǔ | hard, tough

动手 dòngshǒu | to handle, to do

治理 zhìlǐ | to govern, to rule

一向 yíxiàng | always

脱离 tuōlí | to break away, to separate

层次 céngcì | level

超纲词：

另 lìng | in addition, besides

嘲笑 cháoxiào | to laugh at

仆人 púrén | servant

真心 zhēnxīn | sincerity

顺着 shùnzhe | to follow

老天爷 lǎotiānyé | God, Heaven

多才多艺 duōcái-duōyì | gifted in many ways

惊讶 jīngyà | surprised

谦虚 qiānxū | modest

之所以 zhīsuǒyǐ | the reason why

养活 yǎnghuo | to support, to feed

不屑 búxiè | to disdain, to scorn to do sth.

仓库 cāngkù | storehouse

井井有条 jǐngjǐng-yǒutiáo | be arranged in good order

进出 jìnchū | to get/go in and out, ingress and egress

壮 zhuàng | strong

品德 pǐndé | morality

小人 xiǎorén | a base person, flunky

练 习

一、根据文章回答问题。

1. 孔子是怎样理解"忠"这种品德的?

_____

2. 为什么孔子批评樊迟是个"小人"?

_____

3. 孔子说:"君子不器。"你同意吗?

_____

二、根据文章判断正误。

(　　) 1. 孔子多才多艺,青年时就很受重视。

(　　) 2. 孔子曾经做过仓库管理员。

(　　) 3. 孔子批评樊迟,是因为他看不起农民。

四　阳虎的侮辱

孔子十岁时，鲁国的老国王鲁襄公死了，他的儿子登上王位，成了新的国王，这就是鲁昭公。鲁昭公做国王时才十九岁，心理上不太成熟，很多时候仍然像个孩子，很任性。比如，在父亲的葬礼上，他竟然换了三次衣服，而且脸上没有多少悲伤的表情。因为这些原因，鲁昭公在鲁国的贵族中威信不高，大家都不太尊重他，认为他将来命运不会太好。

实际上，一两百年以来，各国国王渐渐开始失去手中的权力。鲁国也是这样，国家的权力掌握在季孙、孟孙、叔孙三个大贵族手中。他们控制鲁国的军队，任命各地的地方官员，决定鲁国的经济、外交等方面的事情，而国王很多时候只起到一个象征性的作用。这种情况到了鲁昭公时期更为明显，因为鲁昭公就是在季孙的支持下才当上了国王，更何况，这位心理比较幼稚的国王对那些令人烦恼的国家大事并不感兴趣，就算把权力交还给他，他还不一定想要呢。

季孙家的情况这时又是怎样呢？其实和鲁国差不多，如果说鲁国是个迷你版的东周，季孙家就是一个迷你版的鲁国，家族权力也渐渐地不再掌握在季孙手中，而是掌握在季孙家的家臣手里。孔子十多岁的时候，季孙家有个家臣叫阳虎，他长得高高大大，很有能力，也很聪明，深得季孙信任，于是季孙家的权力大部分都掌握在阳虎手中。就这样，鲁国的权力落在了季孙手中，而季孙的权力又都落在了阳虎手中，阳虎成了鲁国最有影响力的人。

回过头来讲孔子，这一年孔子十七岁，母亲颜徵在去世了。她独自一人把孔子养大，肯定吃了不少苦，去世时才三十二岁。孔子很悲伤，按当时的礼节给母亲服丧，穿着丧服，腰间系着一条白布。

就在这个时候，季孙发布了一个通知，邀请鲁国的贵族青年到季孙家参加宴会。季孙这样做，是每年按惯例都要举行宴会？还是他临时的一个决定？我们已经不知道了。但可以肯定，季孙举行这样的活动，目的不只是为了请人吃饭，而是想团结那些有才能又有希望的年轻人，吃饭的同时也有挑选人才的意思。负责安排这次宴会的就是阳虎。

　　孔子继承了他父亲叔梁纥的贵族身份，虽然只是最低一级的贵族，而且家庭贫穷，但谁能否认这个身份呢？孔子学习了很多知识，做事认真，这时候在曲阜已经有了一些名气，他不想错过这个机会。于是孔子腰间系着白布，和其他贵族青年一起去了季孙家。在季孙家门口，阳虎让其他人都进去了，唯独把孔子挡了下来。他很不客气地说："季孙代表国王招待贵族青年，但不包括你。"阳虎可能是不承认孔子的贵族身份，也可能是因为孔子正在服丧，不愿意招待他。这件事对孔子的打击很大，让他很尴尬，感到很屈辱。

本级词：

悲伤 bēishāng | sad

尊重 zūnzhòng | to respect

起到 qǐdào | to play

象征 xiàngzhēng | to symbolize

大事 dàshì | matter of great importance, major issue

聪明 cōngmíng | smart

发布 fābù | to announce, to issue

邀请 yāoqǐng | to invite

挡 dǎng | to stop

打击 dǎjī | to discourage

超纲词：

任性 rènxìng | self-willed, capricious

威信 wēixìn | prestige

任命 rènmìng | to appoint

幼稚 yòuzhì | childish

烦恼 fánnǎo | to annoy

迷你版 mínǐ bǎn | mini version

服丧 fúsāng | to be in mourning

丧服 sāngfú | mourning apparel

惯例 guànlì | tradition

宴会 yànhuì | feast

贫穷 pínqióng | poor

名气 míngqi | reputation

错过 cuòguò | to miss

唯独 wéidú | only

招待 zhāodài | to entertain (guests)

尴尬 gāngà | awkward

屈辱 qūrǔ | being humiliated or disgraced

练 习

一、根据文章回答问题。

1. 为什么鲁昭公在鲁国的贵族中没有威信呢?

_____

2. 根据本节内容,哪件事让孔子大受打击?

_____

二、根据文章内容,鲁国当时最有影响力的人是 _____ ?

A. 鲁昭公　　　　B. 季孙　　　　C. 孟孙　　　　D. 阳虎

二、根据文章判断正误。

(　　) 1. 鲁昭公虽然没什么权力,但很有威信。

(　　) 2. 鲁国是迷你版的东周,季孙家又是迷你版的鲁国。

(　　) 3. 阳虎不让孔子参加季孙家的宴会。

第三章 成家立业

一　娶老婆　生孩子　国王送来一条鱼

中国古代的男子在二十岁生日的时候，要举行一个成人礼，由长辈给他戴上一顶冠帽（guān），这叫"冠礼"（guàn），标志着他已经是个成人。从此，他在比较正式的场合都要把头发扎起来，戴着帽子，不能披头散发。既然成人了，自然要娶妻生子，所以中国古代的男子一般在二十岁左右就结婚了。孔子就是在十九岁时完成了这一人生中的大事。

孔子十七岁时母亲去世，为母亲服丧的这段时间，孔子内心一直都很悲伤，弹琴都弹不成曲子，自然不适合结婚。等到三年服丧结束，结婚的事开始提到议事日程上来了。按照《孔子家语》的记录，孔子十九岁那年结婚，娶了亓官家（Qíguān）的女儿为妻。亓官家来自宋国，与孔子祖先属于同一个国家，这或许是孔子娶她为妻的一个原因吧。

结婚第二年，孔子的儿子就出生了。对孔子来说，这当然是件大事。没想到，鲁国国王鲁昭公也听说了这件事，而且派人给孔子送来了一件礼物，

表示祝贺。礼物并不贵重，只是一条鲤鱼，但它是国王送来的，意义自然不同。回想一下，孔子十七岁去参加季孙专门为贵族青年举办的宴会时，被阳虎挡在门外，可见阳虎当时有多么看不起孔子。而这时国王却送来礼物祝贺。这让孔子非常高兴，于是他给儿子取名叫孔鲤，纪念国王送来鲤鱼。

    国王送来礼物，说明孔子懂礼的名声渐渐传开，已经开始赢得了鲁国人的尊重。春秋时期，从贵族到普通人，很多人对西周传下来的礼仪制度已经不太清楚了。鲁国当时有个大贵族孟孙，是仅次于季孙的大人物。有一次，他作为外交官，陪着鲁国国王到别的国家去参加诸侯国会议。可是在郑国，与郑国国王见面时，他不知道应该安排什么样的礼节，呆呆地站在一旁。到了楚国，楚国国王在城外举行欢迎仪式迎接鲁国国王，孟孙又不知道如何答谢。孟孙因为自己不懂礼，让国王甚至整个鲁国受到别人的轻视，他自己也非常后悔。

    不懂礼就要学礼，孔子的价值慢慢就显现出来了。按照《史记》的记录，孟孙临死之前，把自己的儿子叫到床前，告诉他们，孔子是圣人的后代，虽然年少，但是好礼、懂礼，希望自己的儿子能向孔子学习。孟孙的这些话，说明孔子当时在鲁国已经有了一定的名气。有人说《史记》的这条记录在年代上可能有些不对。但孔子年少好礼的名声一定已经传开了，否则无法解释鲁昭公送鲤鱼这件事。鲁昭公与孔子既非朋友，又非亲人，孔子也只是一个最低级别的贵族，能让国王送来礼物，只有一个原因，孔子的博学好礼，已经为他赢得了足够多的关注。

本级词：

礼 lǐ | rite, etiquette

弹琴 tán qín | to play a lute or other stringed instrument

祝贺 zhùhè | to congratulate

陪 péi | to accompany, to keep sb. company

后悔 hòuhuǐ | to regret

超纲词：

成家立业 chéngjiā-lìyè | to get married and start one's career

长辈 zhǎngbèi | elder member of a family

冠 guān | hat, cap, crown

冠 guàn | crown with

披头散发 pītóu-sànfà | with hair dishevelled

议事日程 yìshì rìchéng | schedule, agenda

贵重 guìzhòng | precious

鲤鱼 lǐyú | carp

回想 huíxiǎng | to recall

名声 míngshēng | reputation

于 yú | (indicating the object of an action)

仪式 yíshì | ceremony

轻视 qīngshì | to despise

显现 xiǎnxiàn | to manifest/reveal oneself, to show

级别 jíbié | rank

博学 bóxué | learned

练 习

一、根据文章回答问题。

1. 中国古代的"冠礼"意味着什么？

_____

2. 孔子为何要给儿子取名孔鲤？

_____

3. 孟孙希望自己的儿子能向孔子学习什么？

_____

二、根据文章判断正误。

（   ）1. 孔子与鲁昭公关系很好，所以孔子的儿子出生时，鲁昭公送了一条鱼做礼物。

（   ）2. 作为鲁国的大贵族，孟孙很懂礼。

（   ）3. 中国古代的男子成年后，在正式场合一般都要戴帽子，不能披头散发。

二　三十而立

《论语》里记录了孔子回忆自己人生的一句话。他说："吾十有五而志于
学，三十而立，四十而不惑。"意思是说，孔子十五岁时立志求学，三十岁时开始
建立自己的事业，四十岁时明白了人的一生应该怎样度过。这句话很有名，以至
于后来在提到人的年龄时，出现了"而立之年""不惑之年"这样的表达方式。

建立自己的事业，是很多人的梦想，大多数人努力了一辈子，事业也谈不上
有多少成就。关于"有成就"，不同的人有不同的理解。有些人觉得当官，赚钱
才算有成就，孔子显然不是这样看的。因为三十岁的他在鲁国什么职位都没有，
家里也还是没什么钱。孔子是一位低调的人，并不喜欢夸奖自己。他为什么敢在
回忆人生时说自己"三十而立"呢？

孔子二十七岁时，郯国的国王郯子来访问鲁国，鲁昭公和鲁国大贵族叔孙亲
自招待郯子。郯子是传说中的圣人少昊的后代，以博学著名，对古代的管理制
度十分熟悉。孔子听说郯子来访问，觉得这是一个很好的学习机会，就跑去见郯

子，向他请教了很多古代的知识。这一方面说明孔子是个好学的人，另一方面，孔子能够顺利见到别国国王，并且能进行深入友好的交流，可以想象孔子当时在鲁国已经有了一定的社会影响力。

又过了三年，孔子三十岁的时候，齐国国王齐景公与大臣晏子（Yànzǐ）来鲁国访问。齐国是春秋时期的超级大国，齐景公是一个有作为的国王，晏子更是当时最聪明、最有影响力的大臣之一，也是孔子年轻时的政治偶像。两人来到鲁国，提出要见孔子，齐景公更是当面向孔子提问，秦国国王秦穆公为什么能称霸天下？孔子回答，秦国虽小，也很偏僻，但秦穆公重视人才，哪怕是百里奚（Bǎilǐ xī）这样曾经犯罪的人，也因为才能突出而获得重用。如此，秦穆公能称霸天下也就一点都不奇怪了。齐景公对孔子的回答很满意。从齐景公点名要见孔子可以看出，孔子三十岁时已经具有了相当的名声。孔子说自己三十而立，还是很有根据的。

事业是否有成就，一个人能不能"立"起来，还与他是否建立起内心精神世界有关，也就是说，他是否能从自己所做的事情当中找到意义，得到满足感。孔子之所以说自己三十岁时事业有些成就，是因为他觉得自己有了可以为之奋斗一辈子的事情，找到了可以一直走下去的人生道路。

孔子要做的事情，要走的道路，就是研究学问，研究人生道理。他把自尧（Yáo）、舜（Shùn）以来中国的思想、文化、历史经验等进行细致的研究，从中找到做人、管理国家的好办法。在孔子看来，自己是在求道，也就是在研究人类世界的运行规律。孔子自觉地承担起了天下道义的重任，把自己与鲁国、天下，与过去、现在、未来的全人类联系起来。

在孔子以前，没有人把研究学问、研究人生作为自己的职业，是孔子开启了这条道路。孔子觉得这条道路有意义，也相信这条路会越走越宽。做这件事情，不需要依靠任何国王或大贵族，孔子因此摆脱了社会关系上的人身依附，心理上也获得了独立。

本级词:

一辈子 yíbèizi | a lifetime

职位 zhíwèi | position

如此 rúcǐ | thus

看出 kànchū | to perceive, to be aware of

从中 cóngzhōng | therefrom

在……看来 zài…kànlái | in sb's point of view

运行 yùnxíng | to operate

超纲词:

以至于 yǐzhìyú | to such an extent that ...,
　　　　　　so ... that ...

谈不上 tán bu shàng | be out of the question

低调 dīdiào | low-key, humble

好学 hàoxué | eager to learn

当面 dāngmiàn | to sb's face

称霸 chēngbà | to seek hegemony

偏僻 piānpì | remote

犯罪 fànzuì | to commit a crime

道义 dàoyì | morality and justice

重任 zhòngrèn | important task

开启 kāiqǐ | to initiate

人身依附 rénshēn yīfù | personal dependence
　　　　　　(relation)

练 习

一、根据文章回答问题。

1. "而立之年""不惑之年"分别指什么年龄?

_____

2. 在孔子看来,秦穆公为何能称霸天下?

_____

3. 结合文章内容,谈一谈你对"三十而立"的理解。

_____

二、根据文章判断正误。

（　　）1. 孔子说自己三十而立，是因为他在这一年做了大官，地位已经很
　　　　　　高了。

（　　）2. 晏子是春秋时期最聪明、最有影响力的大臣之一。

（　　）3. 孔子在三十岁左右已经有了一定的名声。

33

三　　开学校　收学生　学生的见面礼

孔子是中国历史上最伟大的教师。过去，小孩子上学接受教育，进入学校做的第一件事便是被老师领着，站在孔子像前鞠躬行礼。

孔子是什么时候开始开办学校，他招收的第一个学生又是谁，具体的情况我们已不清楚。历史书《左传》曾记载，孔子三十一岁时，卫国有人死了，孔子的一个学生想去看望死者的家人，被孔子劝阻。从这件事可以看出，孔子在三十岁左右，就已招收了学生。

孔子开办的学校和如今的学校很不一样。他的学校就开在自己家中，学生到孔子家来上课。他上课的方式也与今天学校的上课方式不一样。如今学校是几十人坐在同一个教室里，使用同样的课本，听老师讲同样的内容。孔子上课，是和一个或几个学生坐在一起谈话，学生学习的内容各不相同，学习的速度也不一样。上课的时候，甚至可以让别的学生在旁边弹琴、演奏音乐。就是通过这样一种类似聊天的学习方式，孔子教育出很多优秀人才，其中最杰出的有七十二个，包括颜回、子路等。

哪些人才有资格来孔子的学校学习呢？当时没有资格考试，任何人，不管是什么身份，什么地位，有没有钱，都可以成为孔子的学生。所以孔子的学生当中有附近的手艺人，比如漆雕开（Qīdiāo Kāi）；有阙里的穷人，比如颜路；有曾经被关进监狱的人，比如公冶长（Gōngyě Cháng），孔子甚至把自己的女儿嫁给了他；有曾经喜欢打架的流氓，比如子路；当然也有大贵族家的孩子，比如孟孙家的孟懿子（Mèng Yìzǐ）等。《论语》里记着孔子自己说过的一句话，意思是说："只要给我送十条肉干，我就愿意教。"十条肉干穷人家也能拿得出来，所以孔子的学生中穷人特别多。在春秋时期，在孔子以前，没有面向全社会开放的学校，只有贵族家的孩子才能接受教育，普通家庭的孩子根本就没有上学的机会。现在好了，孔子在自己家开了学校，什么人都可以去，穷人也去得起。

孔子为什么要收学生送的肉干呢？因为孔子这时没有其他工作，自然也没有别的收入，他要养家糊口，就靠学生们给他送的礼物，相当于现在学校收的学费。如果学生有钱，比如孟孙家的孩子，就多送些。如果学生很穷，那就送点肉干，意思一下。

按照《史记》的说法，孔子一生教过三千多个学生，有学者曾经分析，孔子那个时代全中国总人口有两千万左右，这样算下来，平均每六千多人里就有一个孔子的学生。到今天，几乎每个中国人都受到了孔子思想的深刻影响。

孔子不仅教授知识，更多的是从思想上、精神上引导学生，希望他们成为一种新型的"士"。在孔子以前，"士"是最低级的贵族。按照中国最早的字典《说文解字》的解释，"士，事也"。"士"就是办事的人，负责做一些具体工作。孔子本来也是这样的"士"，但他并不满足，他还要思考人生、思考世界、研究社会的发展规律，也就是儒家所说的"道"。同样，他也要求学生立志求道，承担起天下责任。正是在孔子的带领下，中国出现了新的"士"群体。

本级词：

打架 dǎjià | to fight

学者 xuézhě | scholar

分析 fēnxī | to analyse

群体 qúntǐ | group

超纲词：

见面礼 jiànmiànlǐ | a present on first meeting

便是 biànshì | is, that's it

鞠躬 jūgōng | to bow

开办 kāibàn | to found

招收 zhāoshōu | to recruit

劝阻 quànzǔ | to dissuade

演奏 yǎnzòu | to play (a musical instrument)

聊天 liáotiān | to chat, to commune

杰出 jiéchū | outstanding

监狱 jiānyù | prison

流氓 liúmáng | rascal

肉干 ròugān | jerky

面向 miànxiàng | geared to the needs of

养家糊口 yǎngjiā-húkǒu | to bring home the bacon, to support the family

意思 yìsi | to show sb's appreciation

练 习

一、根据文章回答问题。

1. 孔子的学校和现在的学校有哪些不一样?

_____

2. 早期的"士"和孔子认为的"士"有什么不一样?

_____

3. 为什么说孔子是中国历史上最伟大的教师?

_____

二、根据文章判断正误。

（ 　　 ）1. 孔子的学校只招收穷人家的孩子。

（ 　　 ）2. 孔子只是对学生们进行职业教育。

（ 　　 ）3. 孔子很喜欢吃肉干,所以规定学生们用肉干做学费。

最初的几个学生：因材施教

三十岁的老师，并不算老，但在孔子那个时代，人的平均寿命也就三四十岁，所以三十岁也不算小了。与别的老师不同，孔子的学生都是成年人，这样看来，孔子的学校类似于后世的大学。最早来向孔子学习的，有冉伯牛（Rǎn Bóniú）、颜路等人，这些人只比孔子小六七岁。他们在成为孔子学生之前，就与孔子熟悉，因为佩服孔子的学问而跟着他学习，这样的人越来越多，孔子干脆就开起了学校。

《论语》曾把孔子的学生按他们的成就分成四类，包括道德修养、语言才能、政治事务处理能力和学术研究。孔子因材施教，按照每个学生的性格、才能加以培养，注意结合他们的特长，安排不同的教学内容，给他们不同的启发。应该说，孔子做老师还是非常成功的，很多人正是在孔子的教育下，成长为杰出的人才。这方面，子路就是一个很好的例子。

子路比孔子小九岁，小时候家里穷，常以野菜作为食物。可能是因为生活逼迫，子路渐渐成长为一个问题青年，常常戴着很威风的公鸡帽，提着刀在街道上逛来逛去。据《盐铁论》记载，几百年后的汉朝官员们曾经讨论过，假如子路没遇到孔子，他的人生结局将会是什么样子。这是一个有趣的问题。好在子路在人生的关键时刻，碰到了孔子。一开始，子路看孔子不顺眼，多次找机会欺负孔子，但孔子总是以礼相待，尽量避免与子路发生冲突。子路后来被孔子感化，带着礼物来见孔子，成了孔子的学生。孔子也根据子路的性格，慢慢引导他，帮助他成为一个优秀的政治人才。

孔子在培养子路的时候，很注意方法。有一次，子路问孔子："如果听到一件正确的事，是不是应该马上就去做呢？"孔子教育他："有父母、哥哥在，怎么可以马上去做呢？你应该先问问他们的意见。"子路走后，另一个学生冉有（Rǎn Yǒu）也来向孔子请教同样的问题，孔子却回答说："是啊，既然觉得正确，那就马上去做吧。"同样的问题，给了完全相反的答案，一直站在孔子旁边的公西华不明白，就问孔子原因。孔子解释说，冉有做事犹豫，所以要鼓励他做事大胆一些，而<u>子路</u>性格有些冲动，所以要约束他一些，让他遇到事情多考虑。

正因为<u>子路</u>的这种性格，<u>孔子</u>对他批评较多。在《论语》这本书里，<u>子路</u>是所有学生中受到<u>孔子</u>批评最多的一个。而<u>子路</u>也不给<u>孔子</u>面子，有什么就说什么，经常反过来质疑<u>孔子</u>。但这并不意味着<u>子路</u>就不尊重<u>孔子</u>，实际上，在<u>孔子</u>所有的学生中，<u>子路</u>无疑是最爱戴<u>孔子</u>的那一个。<u>孔子</u>曾说："自从<u>子路</u>做了我的学生，别人再也没有在我面前说我的坏话了。"

本级词：

熟悉 shúxi | to be familiar with

干脆 gāncuì | straightforward

分成 fēnchéng | to divide into

道德 dàodé | morality

修养 xiūyǎng | accomplishment, mastery

加以 jiāyǐ | (used before a verb to indicate an action on a previously mentioned object)

启发 qǐfā | to inspire

冲突 chōngtū | conflict

犹豫 yóuyù | hesitant

鼓励 gǔlì | to encourage

大胆 dàdǎn | bold

冲动 chōngdòng | impulsive

约束 yuēshù | to constraint, to restraint

面子 miànzi | prestige, reputation

意味着 yìwèizhe | to signify, to mean

无疑 wúyí | no doubt

超纲词：

因材施教 yīncái-shījiào | to individualize the teaching approach to each student's aptitude

寿命 shòumìng | life span

佩服 pèifú | to admire

特长 tècháng | strong point, speciality

逼迫 bīpò | to force

威风 wēifēng | imposing, awe-inspiring

公鸡 gōngjī | rooster

不顺眼 bú shùnyǎn | (to find sb/sth) disagreeable to the eye

欺负 qīfu | to bully, to take advantage of

以礼相待 yǐlǐ xiāngdài | to treat sb. with due respect

感化 gǎnhuà | to influence sb to better ways of life

反过来 fǎn guò lái | in turn, conversely

质疑 zhìyí | to query, to question

爱戴 àidài | to love and esteem

练 习

一、根据文章回答问题。

1. "因材施教"是什么意思?

_____

2. 为什么针对同一个问题，孔子给出了两个完全相反的答案?

_____

3. 子路如果没碰到孔子，会出现什么样的情况?

_____

二、根据文章判断正误。

（　　　）1. 孔子与子路经常互相批评是因为他们俩的关系不好。

（　　　）2. 孔子收的学生大多是小孩子。

（　　　）3. 冉有性格冲动，所以孔子想约束他一些，让他遇到事情多思考。

第四章 早期的两次出国经历

 两个伟大人物的见面：孔子见老子

春秋是一个混乱的时代。很多人都在思考，怎样才能重新建立社会秩序，让老百姓安居乐业，而不是整天担心被战争、疾病、贫穷等夺去自己和家人的生命。孔子思考的结果是，他希望全社会都来学习西周的礼乐制度，从而回到"君君臣臣、父父子子"的理想状态。也就是说，当国王的要像个国王，当大臣的要像个大臣，做父亲的要像个父亲，做儿子的要像个儿子，每个人都找到自己在社会中的位置。这样一来，天下的秩序就会恢复，人们的生活自然也就用不着担心了。

中国该往哪里去？在当时，并不只有孔子一个人在思考这个问题。比如老子、子产等，他们的名气远远超过当时的孔子，对社会的影响也远非年轻时的孔子可比。只不过，他们思考得出的结论与孔子完全不同。老子希望回到类似于原始时代的那种社会，小政府、小国家，甚至没有政府、没有国家。既然没有国家，自然也就没有战争，老百姓也不用交税，大家过着自由自在的日子。子产是当时郑国的首相，他有一颗仁心，关心百姓，面对当时混乱的情况，他非常清醒，希望更多借助法律的力量，来维护社会秩序。

尽管思考的结论不同，但这并不妨碍孔子对老子和子产的崇拜，希望有一天能当面向他们学习。这样的机会在孔子三十岁左右的时候出现了。孔子有个学生叫南宫适，是大贵族孟孙的儿子，当时正跟着孔子学习礼乐。有一天，南宫适向鲁国国王鲁昭公请求，希望国王能给他一辆马车、两匹马，让他和孔子一起到东周去考察礼乐。对南宫适来说，可能只是年轻人爱玩，想到外面的世界去看看，考察礼乐不过是个借口，但孟孙家在鲁国的地位很高，国王不得不答应。就这样，孔子借着这个机会，来到东周的首都洛邑，见到了老子。老子当时在东周做图书馆管理员，后来留下《道德经》一书，成为道家思想的创始人，对中国思想产生了巨大的影响。现在两个文化巨人见面了，他们会谈些什么呢？

按照《史记》的记录，孔子大概表达了他要顺着尧、舜、周公等圣人开创的道路继续前进的想法。老子提醒他，这些圣人早就去世了，就连骨头都已经彻底腐烂，他们过去说的话，他们的思想，不一定适合现在的社会。老子对圣人们的怀疑，从侧面帮助孔子完善了自己的思想。老子还告诉孔子，要学会利用时机，该奋斗的时候就努力奋斗，但时机不对时，也要学会向后退。这些话无疑对孔子下半生产生了很大的影响。

按照《史记》的记录，孔子还见过子产，两人见面时像兄弟一样热情。有学者认为，孔子见子产，与孔子见老子，并不是同一次旅行。还有学者认为，孔子根本就没见过子产。子产去世时，孔子才三十岁，凭子产的身份、地位，他不可能与孔子像兄弟一样见面，《史记》的记录不可靠。不管有没有见过面，《论语》里多处记载了孔子对子产的赞赏。当孔子听到子产去世的消息时，他伤心得哭了起来。在孔子看来，子产有古代那些圣人的风度。

本级词：

用不着 yòngbuzháo | be no need, to have no use for

只不过 zhǐbúguò | nothing but

原始 yuánshǐ | primitive

颗 kē | (measure word, usually for things small and roundish)

尽管 jǐnguǎn | though, even though

时机 shíjī | occasion

风度 fēngdù | demeanor, manner

超纲词：

安居乐业 ānjū-lèyè | to live and work in peace and contentment

疾病 jíbìng | disease, illness

夺 duó | to seize, to take away

自由自在 zìyóu-zìzài | as free as a bird

首相 shǒuxiàng | prime minister

仁心 rénxīn | kind-heartedness

借助 jièzhù | with the help of

妨碍 fáng'ài | to hamper, to hinder

崇拜 chóngbài | to adore

马车 mǎchē | carriage

借口 jièkǒu | excuse

创始人 chuàngshǐrén | founder

巨人 jùrén | great person

开创 kāichuàng | to initiate, to start

腐烂 fǔlàn | to decay, to rot

侧面 cèmiàn | side

练 习

一、根据文章回答问题。

1. 在孔子看来，如何才能重新建立秩序，让百姓安居乐业呢？

   _____

2. 《道德经》是谁留下的著作？

   _____

3. 为什么有学者认为孔子根本就没见过子产？

   _____

二、根据文章判断正误。

（　　　）1. 有很多孔子同时代的人，也在思考当时的中国该往哪儿去，他们
　　　　　　 的看法基本相同。

（　　　）2. 孔子是单独一个人去洛邑的。

（　　　）3. 因为思想观点不同，孔子并不喜欢子产。

二　鲁国的斗鸡事件：国王逃跑

孔子得到鲁昭公的支持，才有机会去东周见了老子。在孔子儿子出生时，鲁昭公送了一条鲤鱼来祝贺。应该说，鲁昭公对孔子还是不错的。可是，孔子从东周回来后不久，鲁昭公就因为得罪了鲁国的三大贵族季孙、孟孙、叔孙，被迫逃出鲁国，从此流亡国外，一直到去世都没能回来。

鲁昭公在刚刚当上国王的时候，因为心理幼稚、做事任性而被鲁国人轻视。他没有什么远大的志向，只想享受有限的权力，享受人生。至于使鲁国重新强大起来，人民富裕起来，这些根本就不是鲁昭公的目标。实际上，春秋时大多数诸侯国的国王都是这样。鲁昭公甚至也没真正想过要把权力从季孙手里夺回来，因为这实在有些复杂，超出他能力范围，会妨碍他享受人生。可是形势总是在变化，逼着人心也只好跟着变。

在孔子三十五岁那一年，鲁昭公举行仪式祭祀他父亲鲁襄公。按照鲁国的礼仪制度，在国王祭祀祖先时，旁边有一支乐队演奏音乐，这个乐队的规模很大，有六十四个人，站成八排，每排八人。但这天鲁国的官员们在祭礼上发现，负责演奏音乐的乐队只来了十六个人，台下显得空空荡荡。人到哪儿去了呢？经过询问，才知道乐队其余的人都被叫到季孙家去了。季孙这一天祭祀他家的祖先，也需要乐队演奏音乐。按规定，季孙作为鲁国的贵族，祭祖时只能使用三十二人的乐队，但他组了六十四人的豪华乐队，这大大超过了规定人数，严重违反了礼的规定。更糟糕的是，他把国王的乐队叫来，让国王没办法顺利祭祀祖先。很显然，季孙完全不把国王放在眼里，根本就不担心是否会得罪国王。鲁国有不少贵族、官员因此对季孙产生不满，孔子是其中最为生气的一个。他很不高兴地说："如果对这种情况都可以忍受，那还有什么是忍受不了的呢？"

鲁昭公倒不觉得受到多大的侮辱，但他身边的很多大臣却各有各的私心，趁机利用这件事，推动鲁昭公去对抗季孙。其中的代表是郈昭伯和臧孙这两个贵族。郈昭伯曾经与季孙斗鸡，各自拿出一只公鸡，让它们相斗，看哪只公鸡更厉害。因为带有赌博性质，所以双方都做了些手脚：季孙在公鸡的翅膀上洒了一些刺激性的东西，让公鸡变得更兴奋；郈昭伯则在公鸡的脚上装了锋利的刀刃。双方因此产生矛盾。臧孙与季孙之间矛盾也很深。他们在鲁昭公面前，天天说季孙的坏话，鼓励鲁昭公出手对付季孙。鲁昭公本来就心理不成熟，有一天终于忍不住了，带着军队去进攻季孙，季孙联合孟孙、叔孙，打败了鲁昭公，鲁昭公只好逃到齐国去了。

孔子对鲁国发生的这些事情是真的忍受不下去了，不久，他也离开鲁国，跑到齐国去了。

本级词：

享受 xiǎngshòu | to enjoy

询问 xúnwèn | to ask

违反 wéifǎn | to violate

厉害 lìhai | tough, terrific

带有 dàiyǒu | to carry, with

洒 sǎ | to sprinkle

矛盾 máodùn | contradiction

忍不住 rěn bu zhù | can not help, unable to bear

忍受 rěnshòu | to bear, to tolerate

超纲词：

得罪 dézuì | to offend

流亡 liúwáng | in exile

富裕 fùyù | rich

逼 bī | to compel

祭祀 jìsì | to sacrifice

空空荡荡 kōngkōngdàngdàng | empty

豪华 háohuá | luxurious, sumptuous

私心 sīxin | selfish motives

趁机 chènjī | to seize the chance

对抗 duìkàng | to confront

赌博 dǔbó | to gamble

手脚 shǒujiǎo | foul play

翅膀 chìbǎng | wing

刀刃 dāorèn | blade

出手 chūshǒu | to start

练 习

一、根据文章回答问题。

1. 因为斗鸡而产生矛盾的是哪两位贵族?

_____

2. 为什么孔子对季孙非常生气?

_____

3. 结合文章内容,谈一谈你对鲁昭公这位国王的看法。

_____

二、根据文章判断正误。

(　　　) 1. 鲁昭公本来是个有远大理想的国王。

(　　　) 2. 季孙把国王的乐队叫到自己家来进行家祭,鲁国只有孔子一人对
　　　　　此表示不满。

(　　　) 3. 斗鸡只是单纯的一种游戏。

三　到齐国去：齐国国王和晏子如何对待孔子

孔子三十五岁那年离开鲁国，带着学生来到了齐国，这是他在对季孙等人赶走鲁昭公表示抗议。为什么要到齐国呢？首先，因为鲁昭公跑到齐国了，孔子这是表示要和国王站在一起。其次，齐国这时的国王齐景公和大臣晏子在前几年访问鲁国时，很欣赏孔子，这也让孔子心里产生一些希望，既然鲁国被季孙控制着，自己在鲁国没什么前途，为什么不离开呢？也许在齐国能闯出一片新天地。

齐景公没让孔子失望，很快就和孔子见面了。他想给孔子安排一个重要的职位，所以问了孔子几个问题，相当于面试。他问孔子如何才能把一个国家管理好。孔子把他一直以来的想法告诉给齐景公。他说："一个国家能不能管好，就看是否能做到君君、臣臣、父父、子子。"我们前面解释过，孔子的意思就是，每个人都要找到自己在社会中的位置，行使自己应该行使的权力，承担自己应该承担的责任。如果大家都能做到这样，这个社会的秩序就会好得多。

齐景公很欣赏孔子的回答，国王要像个国王，大臣就要像个大臣。这让齐景公不由想起他的哥哥——齐国的上一任国王齐庄公。齐庄公因为与手下大臣发生矛盾而被杀死。当国王的却被自己的手下杀掉了，这还像个国王吗？

其实，孔子说国王要像个国王，更多是强调国王应该关心人民，努力把国家管理好，让人民生活得更好。孔子从鲁国来到齐国，经过泰山脚下时，看到一个女人在坟墓旁边痛哭。孔子问她为什么哭得这么伤心。女人回答说，她丈夫在这被老虎咬死了，前不久，儿子又被老虎咬死，所以她才这么伤心。孔子很同情她，就问："既然这儿的老虎这么凶猛，为什么不离开，

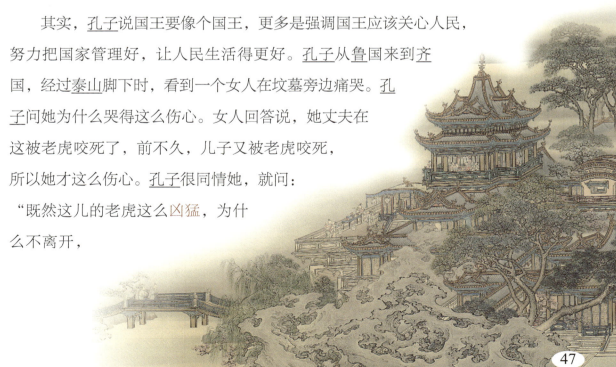

到别的地方去生活呢？"女人的回答让孔子很意外。她说："留在这儿，是因为这儿没有残酷的政府管理，不需要交太多的税。"作为一个贵族，听到这样的回答，孔子也有点难为情，他回过头，警告他的学生们说："记住啊，残酷的政府管理，比老虎还凶猛。"

但像齐景公这样的国王，自然要往对自己有利的方向来理解孔子说的话。在他看来，孔子的这种思想对自己很有利。他听了孔子的话后，欣赏地说："是啊，假如国王不像国王，大臣不像大臣，那我还吃得下饭，睡得着觉吗？"

齐景公于是想让孔子来帮着管理齐国，并打算把齐国的一块土地分封给孔子。这时候，晏子站出来了，他不同意齐景公的安排，表示孔子的思想并不适合治理一个国家。晏子在历史书上留下来的材料不多，我们很难判断他的思想倾向，但从总体上看，他似乎是个实用主义者。他批评道，孔子希望社会中每个人都能按照礼的规定来工作和生活，可是，礼仪规定实在是太多了，一个人一辈子也学不完，会导致整个社会的效率大幅度下降。而且，如果真要完全按礼仪规定来做事，那就要在礼仪方面花费更多的钱财，这可不是普通老百姓负担得起的。应该说，晏子的批评很有道理，死守着过去的礼仪规定，对国家富强、百姓富裕并不会有什么真正的帮助。

齐景公听了晏子对孔子的批评，放弃了原先的打算。不过，他还是给孔子提供了很好的待遇，让他的收入达到了鲁国大贵族的水平，虽然比不上季孙，但已经超过了孟孙。可是，白拿人家的工资却不用干活，这不是孔子希望的。在齐国停留了一年多以后，孔子失望地回到鲁国去了。

本级词：

闯 chuǎng | to make one's way, to try boldly

欣赏 xīnshǎng | to appreciate

警告 jǐnggào | to warn, to admonish

治理 zhìlǐ | to govern

原先 yuánxiān | formerly

总体 zǒngtǐ | as a whole

停留 tíngliú | to stay

超纲词：

抗议 kàngyì | to protest

行使 xíngshǐ | to exercise, to perform

凶猛 xiōngměng | fierce

残酷 cánkù | cruel

分封 fēnfēng | to enfeoff

倾向 qīngxiàng | inclination, tendency

实用主义 shíyòng zhǔyì | pragmatism

大幅度 dàfúdù | by a large margin, dramatically

花费 huāfèi | to spend

富强 fùqiáng | prosperous and powerful

练 习

一、根据文章回答问题。

1. 孔子离开鲁国后为什么要去齐国呢？

_____

2. 如何理解"君君、臣臣、父父、子子"？

_____

3. 为何最终齐景公没有重用孔子？

_____

二、根据文章判断正误。

（　　）1. 泰山脚下的女人不愿意搬到别的地方去生活，是因为她不怕老虎。

（　　）2. 齐景公把一块齐国的土地分封给了孔子。

（　　）3. 晏子赞同孔子的思想。

四　听到了世界上最美的音乐

传统儒家中的"六艺"，指的是儒家非常重视的六种知识，也可以说是要求学生掌握的六项能力，包括礼（礼仪）、乐（音乐）、射（射箭）、御（驾车）、书（认字）、数（算术）。儒家重视礼，在举行活动的时候，总要演奏各种音乐。所以，音乐在这些知识中排名第二。

孔子精通各种音乐，也非常喜欢音乐。《论语》里说，要是他听到一首好听的歌曲，一定会请别人再唱几遍，等到自己学会了，就跟着一起唱上一遍。从《论语》的记载来看，孔子在日常生活中，几乎每天歌声不断，除非这一天他要参加某个葬礼。直到去世前，他还对着学生们唱了一首预示着他死亡的歌曲。

孔子不只喜欢唱歌，还喜欢弹琴。《孔子家语》记录了他刻苦学琴的一个故事。孔子曾经跟着鲁国的音乐家师襄子学琴，一首歌曲练习了许多天，孔子仍然不满意。师襄子认为孔子已经学会了这首歌，让他开始学下一首。但孔子说，虽然他已经能弹出歌曲，但弹得还不够美，所以仍要练习。等到歌曲弹得很动听了，连师襄子都被打动了，孔子却还是坚持继续练习，因为他认为自己还没有体会这首歌曲的真正精神，没能从歌曲中感觉到作者是个什么样的人。直到有一天，他把歌曲背后的精神都体会出来了，他才认为自己是真正掌握了它。

音乐对孔子来说，就像是穿衣吃饭，每天都不可缺少。有一次，孔子带着学生经过陈国，被军队包围了七天七夜，没有粮食，学生也纷纷饿倒了。在这种情况下，学生们都很紧张，孔

子却仍然每天弹琴、唱歌。要是碰到一首好歌曲，孔子更是会变得很"疯狂"，那种疯狂劲儿，一点儿也不输给今天的粉丝。孔子到达齐国以后，欣赏到了齐国音乐家演奏的《韶》。《韶》是歌颂圣人舜高尚道德的一首歌曲。孔子听后，觉得这首歌曲真正达到了完美的状态，不管是歌曲内容还是音乐形式都没有任何缺点。他后来对人说，自从听到《韶》以后，自己"三月不知肉味"，很长时间他都陶醉在这首动听的歌曲中，就连平时喜欢吃的肉也觉得没那么香了。

从孔子对《韶》的评价看，孔子对待音乐作品，既重视它的形式，也重视它的内容。如果用今天的音乐来打比方，孔子喜欢的大多是节奏较慢的传统音乐。孔子那个时代的流行音乐是郑国、卫国的民歌，这些歌曲节奏很快，曲子变化很多，内容主要与年轻男女的爱情有关。这些歌曲深受当时人的喜爱，就连很多国王也迷上它们。魏国国王就曾经坦白地说，一听那些传统音乐，他就想打瞌睡，可是听到郑国和卫国的民歌，怎么也听不够。孔子却不喜欢这些民歌，认为它们过于激烈，很容易刺激人的欲望，对社会风俗、对年轻人产生不良影响。

可以看出，孔子认为音乐不只是一种娱乐产品，还是一种教育手段。音乐能对人的精神产生很大影响，可以丰富一个人的精神世界，提高人的修养。

本级词：

射 shè | shooting, archery

歌曲 gēqǔ | song

疯狂 fēngkuáng | crazy

比方 bǐfang | example, analogy

不良 bùliáng | bad

手段 shǒuduàn | means

修养 xiūyǎng | slender

超纲词：

驾车 jià chē | to drive

精通 jīngtōng | to master, to be proficient in

首 shǒu | (a measure word for a song, a poem, etc.)

预示 yùshì | to indicate

死亡 sǐwáng | to die

刻苦 kèkǔ | assiduous, hardworking

动听 dòngtīng | fair-sounding, beautiful, attractive

打动 dǎdòng | to touch, to move

粉丝 fěnsī | fan, admirer

歌颂 gēsòng | to sing the praises of

陶醉 táozuì | to be enchanted, to revel in

节奏 jiézòu | beat, rhythm

民歌 míngē | folk song

坦白 tǎnbái | frank, honest

打瞌睡 dǎ kēshuì | to doze off

欲望 yùwàng | desire

娱乐 yúlè | entertainment

练 习

一、根据文章回答问题。

1. 儒家的"六艺"包括什么？

_____

2. 孔子为什么"三月不知肉味"呢？

_____

3. 孔子是如何看待音乐的呢？

_____

二、根据文章判断正误。

（　　）1. 儒家很重视音乐。

（　　）2. 孔子很喜欢唱歌。

（　　）3. 孔子喜欢节奏较快的郑国、卫国民间歌曲。

第五章 四十不惑

一　不做官也能实现人生价值

　　孔子大概在三十七岁时回到了鲁国。从这一年开始，一直到他五十多岁，孔子都拒绝做官，因为他不想违背自己做人做事的原则。这段时间的鲁国，实在让他失望。

　　鲁昭公逃出鲁国后，先去了齐国，后到了晋国，七年后，他死在了国外。这段时间，鲁国国内始终没有国王。季孙、孟孙等几个大贵族，他们表面上说要尊重鲁昭公，实际上是为了控制权力，他们并不愿意立一个新国王。鲁昭公去世后，必须立一个新的国王了。按照当时的习惯和传统，应该把鲁昭公的儿子立为国王。但季孙怕鲁昭公的儿子当上国王对他不利，所以让鲁昭公的弟弟做了国王，这就是鲁定公。一个本来没有资格，也没有希望做国王的人，在季孙的帮助下，成了国王，他对季孙会是什么态度呢？他一方面感谢季孙，一方面又有些害怕季孙。有了这种态度，鲁定公自然是什么事情都听季孙的。有了季孙做榜样，鲁国大大小小的贵族也都不把礼仪、规定、传统等放在眼里了。

　　孔子相信西周"君君臣臣"的那一套做法，对于季孙这一连串的行为自然非常不满，所以他拒绝在鲁国做官。但不做官只是不与季孙等人合作，孔子并不是从此隐居起来，像老子、庄子那样，采取一种消极的态度。孔子对这个社会仍然很积极、很乐观。曾经有人批评孔子："你为什么躲起来不做官呢？"孔子回答说："我通过教育学生，让学生孝顺父母，关爱兄弟，然后把这种风气推广到全社会，使社会变得更有道义、更有秩序，这不也是对社会的贡献吗？为什么一定要做官，才算是对社会有贡献呢？"

这段时间，孔子基本上把所有的精力都投入到教学当中。对比今天的一些教育观点，孔子的教育方法其实很先进。他非常善于启发性谈话，在与学生的聊天中，针对学生的不同情况，让学生自己思考，引导学生建立人生目标，一步步发展自己的能力。很多时候，孔子与学生在一起，更像是朋友聚会，弹着琴，聊着天，互相讨论，互相启发，有时候也互相批评。《论语》里描写了这样一幅画面：孔子坐在中间，周围是他的学生们——勇敢直率的子路、纯朴话不多的闵子骞、说话滔滔不绝的冉有和子贡。孔子看着这些学生们，很有成就感，非常快乐。

孔子作为老师的名气越来越大，有人甚至从很远的地方到鲁国来向孔子学习。孔子对此也很高兴，他说："有朋自远方来，不亦乐乎？"孔子高兴的是通过教育学生，也能实现自己的人生价值。虽然没有做官，孔子还是产生了很大的社会影响。

本级词：

立 lì | to appoint, to adopt

不利 búlì | unfavorable

消极 xiāojí | negative, passive

超纲词：

违背 wéibèi | to go against, to violate

表面上 biǎomiànshang | seemingly, ostensibly

榜样 bǎngyàng | example, model

一连串 yìliánchuàn | a series of

隐居 yǐnjū | reclusion

孝顺 xiàoshùn | to be filial to

关爱 guān'ài | love and care

风气 fēngqì | ethos, manner

贡献 gòngxiàn | contribution

纯朴 chúnpǔ | simple and honest

滔滔不绝 tāotāo-bùjué | (to talk) endlessly

不亦乐乎 búyìlèhū | Isn't it a great pleasure?

练 习

一、根据文章回答问题。

1. 在<u>鲁昭公</u>逃跑以后，<u>季孙</u>为什么不马上立一个新的国王？

_____

2. <u>季孙</u>为什么立<u>鲁昭公</u>的弟弟做新的国王？

_____

3. "有朋自远方来，不亦乐乎？"<u>孔子</u>为什么感到快乐？

_____

二、根据文章判断正误。

（　　）1. <u>孔子</u>拒绝做官，是因为他想隐居起来。

（　　）2. <u>季孙</u>很尊重<u>鲁定公</u>。

（　　）3. <u>孔子</u>不想做官，是想逃避对社会的责任。

二　四十不惑

孔子说自己"四十不惑"，并不是说他在四十岁左右时突然一下子变得聪明了。

确实，随着孔子不断学习，他的知识越来越丰富。很多人碰到不明白的事情都会来问他。比如远在南方的吴国攻打越国，在拆除会稽城墙的过程中，挖出一节很大的骨头，这节骨头装满了一辆马车的车厢。吴国没人知道这是什么人或动物的骨头，国王就派人来问孔子。孔子根据读过的书，判断那是夏朝禹时的诸侯防风的尸骨。当初禹在会稽召开诸侯大会，只有巨人防风迟到了，违反了禹的命令，禹于是把防风杀掉，历史书上说，当时防风的一根骨头就可以装满一整个车厢。吴国人听了孔子的解释，都非常佩服他。

但孔子说自己"不惑"，不是指知识的积累。他发现自己好像一下子活明白了，知道这一辈子该怎么过了，他的人生也一下子变得简单了起来。所谓"惑"，很多时候，其实是人在面临选择的时候，无法做出正确的判断。而人之所以无法判断，是因为想要的东西太多，既要这样，又想那样，心中没有真正的目标，没有一定的原则，自然做不出正确的选择。所以，要做到"不惑"，重要的是要学会在心里做减法，把心中那些动摇自己人生方向与原则的东西放弃掉。

孔子最喜欢学生颜回，就是因为颜回活得够简单。孔子曾经称赞颜回说："一碗米饭，一壶水，住在简陋的小巷子里，别人受不了这么贫穷的生活，为什么颜回却能活得那么快乐呢？因为他知道自己追求的是仁，是道。而仁与道，与每天吃什么没关系，与住在哪里也没关系。"

孔子也是这样。他曾经描述自己的生活说："吃粗粮，喝白水，累了就躺下来，把手臂枕在脑袋下休息一会儿，这样的生活，不也很快乐吗？违反自己的良心和原则，即使做了高官，赚了大钱，这样的权、钱，就像天上飘着的云一样，本来就不应该属于我，对我来说，又有什么吸引力呢？"孔子想得很明白，所以拒绝出来做官。

当然，孔子并不是那种放着好的生活条件不要，故意去过艰苦生活的人。他是一个享受人生的人。《论语》说他"食不厌精"，饮食等生活的各个方面都很讲究，肉如果切得不正他不吃，座位摆得不正他也不坐。而讲究的生活怎么离得开钱财呢？所以，孔子也乐意做一个有钱人。他反对的不是权力和钱财本身，而是"不义而富且贵"，也就是通过不合法、不符合道义的方式得到富贵。孔子曾经说，如果有一份工作，可以通过正当的方式获得富贵，不管这是什么样的工作，他都愿意做，哪怕是让他去当一个市场管理员，拿着鞭子管理老百姓。可是，在那个时期，能够合法赚钱而富贵起来的方式并不多。孔子有个学生叫子贡，他是赚钱的天才，后来成了全天下最有钱的人。但孔子很清楚，自己没有这种才能，所以，对他来说，能不能得到富贵，完全要看老天爷的安排。既然富贵或是贫穷都是由老天爷安排的，自己没有能力改变，那就安心贫穷，听从自己的内心去追求其他值得追求的东西吧。

本级词：

一下子 yíxiàzi | at one blow

拆除 chāichú | to dismantle

饮食 yǐnshí | diet, eating

天才 tiāncái | genius

或是 huòshì | or

超纲词：

城墙 chéngqiáng | city wall

车厢 chēxiāng | carriage

手臂 shǒubì | arm

良心 liángxīn | conscience

乐意 lèyì | to be willing to

富贵 fùguì | riches and honor

正当 zhèngdàng | proper, rightful

鞭子 biānzi | whip, lash

安心 ānxīn | relieved

听从 tīngcóng | to obey

练 习

一、根据文章回答问题。

1. "四十不惑"是什么意思呢?

　　_____

2. 在孔子看来,如何才能做出正确的判断?

　　_____

3. 文章中哪句话说明了孔子是一个享受人生的人?

　　_____

二、根据文章判断正误。

（　　）1. 孔子到四十岁的时候,突然一下子变得聪明起来了,所以说
　　　　　　"四十不惑"。

（　　）2. 孔子对吃什么、怎么吃并不讲究。

（　　）3. 孔子对钱财不感兴趣。

三　给学生上的一课

孔子和他的学生们经常在一起聊天，有时候，聊天就是上课。

《论语》曾经记录了某次他给学生上课的情况。这一天，他和子路、曾皙^{Zēng Xī}、冉有、公西华等几个学生坐在一起上课，学生们有点拘束。孔子为了让他们放松下来，就说："不要因为我年纪比你们大一点，就不敢讲了。你们平时总是抱怨，说没人愿意了解你们，自己的志向、才能没人欣赏，现在假设我就是国王派来了解你们的，你们有什么志向，对我说说吧。"

子路是个直率的人，又是急性子，在座的学生里面也属他年龄最大。他第一个回答道："一个中等规模的国家，夹在强国之间，外面有外国军队的侵犯，国内又接连遇到水灾、旱灾等导致的饥荒。如果让我管理这样一个国家，不需要三年，我就可以使老百姓人人变得勇敢起来，而且还懂得做人的道理。"子路设想的是，如果让他来当鲁国、卫国这类国家的领导，夹在齐国、晋国中间，他很有自信，一定比季孙、孟孙这样的贵族强。

孔子听了，微微一笑。

其他学生都没有主动说话，孔子只好一个一个点名："冉有，你的志向又是什么？"

冉有回答说："一个方圆六七十里，或者更小一点，方圆五六十里的小国，如果让我去管理，不用三年，我可以让老百姓富裕起来。至于提高老百姓的礼乐修养，我恐怕没那能力，要等比我更优秀的人才。"比起子路，冉有谦虚得多。方圆六七十里的国家，比起鲁国、卫国来说，确实小了许多，有些大贵族分封到的土地也有这么大。冉有善于管理财产，所以有信心让老百姓富裕起来。后来季孙家就看上了他的这一能力，请他去管理，帮着收税、收租。

"公西华，你怎么样？"孔子没有评论冉有的志向，直接问下一个学生。

公西华回答说："我也没把握自己能做到什么，但还是很想跟着学一学，比如祭祀祖先的时候，或者诸侯开会的时候，我愿意穿着礼服，戴着礼帽，学着去主持相关的礼仪活动。"

　　"曾皙，你呢？"

　　曾皙倒是很悠闲，别人在聊天，他一直在旁边弹琴。见孔子问到自己，他才停止弹琴，慢慢站起身来，回答说："我想做的，和他们三人都不一样。"

　　孔子说："有什么关系呢，不过是大家一起谈谈自己的志向。"

　　曾皙说："春天快结束（农历三月）的时候，天气变暖和了，人们都已经穿上了春天的衣服，我和四五位好友，带着各自的小孩，到沂河里游泳洗澡，到岸上吹吹风，然后唱着歌走回家。"

　　孔子听了曾皙的话，长长地叹了一口气，他说："我也很想和你一起去呀。"

　　孔子为什么在听了曾皙的话后会长长地叹气呢？他又为什么唯独表示欣赏曾皙的志向呢？有人说，这时候，季孙控制了鲁国的一切，孔子没办法参与到政治中去，只能借曾皙的想法表达自己的失望心情。还有人说，孔子欣赏曾皙的志向，只是因为孔子欣赏这种从容自得、一点也不功利的生活态度。在孔子看来，生活中不只是有政治和金钱，河里洗洗澡，岸上吹吹风，这些不需要权力，也不需要金钱，只要热爱生活，谁都可以享受到。

本级词：

抱怨 bàoyuàn | to complain

夹 jiā | to press from both sides

接连 jiēlián | in succession

水灾 shuǐzāi | flood, inundation

设想 shèxiǎng | to imagine, to assume

评论 pínglùn | to comment

超纲词：

拘束 jūshù | overcautious, prim

假设 jiǎshè | to suppose, to presume

急性子 jíxìngzi | short temper

中等 zhōngděng | medium, moderate

侵犯 qīnfàn | to violate, to encroach on

旱灾 hànzāi | drought

饥荒 jīhuāng | famine

方圆 fāngyuán | area

礼服 lǐfú | ceremonial dress

悠闲 yōuxián | leisure, easy

农历 nónglì | traditional Chinese calender, lunar calender

叹气 tànqì | to sigh

从容自得 cóngróng-zìdé | calm and unhurried while one is contented

功利 gōnglì | utilitarian

金钱 jīnqián | money

练 习

一、根据文章回答问题。

1. 文章中一共出现了几位孔子的弟子?

_____

2. 请用三个词形容子路的性格。

_____

3. 孔子为什么唯独欣赏曾皙的志向?

_____

二、根据文章判断正误。

(   ) 1. 子路的理想是领导齐、楚这样的大国。

(   ) 2. 孔子很欣赏子路的志向。

(   ) 3. 孔子赞同曾皙的志向,是因为他欣赏那种不功利的生活态度。

四　阳虎带着小猪来

孔子四十多岁的时候，鲁国发生了一些大事。孔子四十二岁时，流亡在外的鲁昭公死了，鲁国大贵族季孙等人立了新的国王鲁定公。孔子四十七岁时，掌握权力的老一代季孙也死了，他的儿子继承了他的贵族身份和权力，成为新一代的季孙。新季孙刚刚上台，对权力游戏还不熟悉，于是季孙家的权力都落到了家臣阳虎手里。阳虎控制了季孙家，也就控制了鲁国。

孔子在这种情况下，做不了什么。但要说他从此就对政治绝望，一点也没有参与的兴趣，那也不可能。孔子多次向学生表示，在鲁国无法推行仁道，不能实现他的志向，也许应该乘船到海外去找找机会。海外是哪儿？谁知道呢。总之，他对鲁国不满，甚至连九夷都想去。当时人认为九夷是很落后的一个地方，是野蛮人的国家。有学生就提醒孔子："九夷可落后了，怎么能去那儿呢？"孔子说："一个文明人，他住在哪儿，哪儿就文明。九夷现在有些落后，我去了不正好把它改造成一个先进、文明的国家吗？"

去九夷当然只是随便说说。孔子对野蛮的民族还是有些害怕的。当年齐国国王齐桓公和管仲率领军队，把北方的野蛮人赶跑。孔子很感激他们，说如果不是管仲，现在他也要穿上野蛮人的那种衣服了，说话时一脸担心害怕的样子。孔子说要去九夷，实在是因为他对鲁国太失望了。

阳虎控制了季孙家，可是新的季孙对权力也有渴望，两人难免要发生矛盾。阳虎作为家臣，在权力斗争中自然处于不利地位，他需要借用外面的力量，来对抗季孙。这时候，孔子在鲁国已经有很大的影响力。他教过的学生不少，还有像子路、冉有这样很有才能的人，成为鲁国一支不可忽视的力量。季孙不把国王放在眼里，违反种种规定，孔子一向反对季孙这样做。阳虎很清楚这一点，所以他去见孔子，想劝说孔子出来做官，让孔子来约束季孙。

两人的见面很有戏剧效果，双方都在演戏。这一天，阳虎带着一只蒸熟的小猪来拜访孔子。孔子知道阳虎是个什么样的人，而且很多年前阳虎还当众侮辱过孔子。孔子不喜欢他，所以借口不在家，拒绝见他。阳虎只好把小猪留下，失望而归。按照礼节，孔子应该回访，但他又不想与阳虎见面，就专门趁他不在家的时候去拜访。不巧的是，两人在路上碰面了，这下孔子再也躲不过去了。

阳虎说："来来来，我正好有些话要对你说。"他问孔子："一个人明明有管理国家的才能，却眼睁睁看着国家混乱下去，这样的人，能算是仁义之人吗？"

孔子老老实实说："不能。"

阳虎又问："一个人想展示自己的才能，却总是抓不住机会，这个人能算是聪明吗？"

孔子说："不能。"

阳虎最后对孔子说："你年龄也不小了，该出来为国家做点事了。"

孔子有他的政治理想，一直没机会实现。所以孔子最后答应了阳虎。就这样，孔子打算出来做官了。

本级词：

绝望 juéwàng | to give up all hope

当年 dāngnián | in those years

渴望 kěwàng | to long for

约束 yuēshù | to constrain, to restrain

戏剧 xìjù | drama

拜访 bàifǎng | to call on

躲 duǒ | to avoid

展示 zhǎnshì | to show

超纲词：

上台 shàngtái | to be in power

仁道 réndào | the principle and ways of benevolence

海外 hǎiwài | outside the borders

野蛮 yěmán | savage

感激 gǎnjī | to appreciate

借用 jièyòng | to borrow

演戏 yǎnxì | to put on a play

蒸 zhēng | to steam

当众 dāngzhòng | in the presence of all

趁 chèn | while

不巧 bùqiǎo | unfortunately

眼睁睁 yǎnzhēngzhēng | to look on helplessly

练 习

一、根据文章回答问题。

1. 孔子为什么说想去九夷?

_____

2. 为什么孔子不想见阳虎?

_____

3. 为什么孔子最后决定去做官?

_____

二、根据文章判断正误。

(　　) 1. 新一代季孙刚上台的时候, 鲁国权力落到了季孙的家臣阳虎手中。

(　　) 2. 孔子真的很想去九夷。

(　　) 3. 阳虎想借用孔子的影响力来对抗季孙。

第六章 出来做官

一　从做小官到做大官

其实孔子一直很着急，他很想站出来为鲁国服务，为人民服务，可是，他不愿意与阳虎一起。孔子的学生子贡曾经问孔子："假如有一块宝石，你是愿意把它藏进盒子放在家中，还是找一个好买家，把它卖了呢？"孔子回答说："有好买家的话，还是卖了吧。"子贡是在用比喻的方式劝老师出来做官呢。孔子明白子贡的比喻，可是阳虎绝对不是个好买家。

孔子真正出来做官，是在阳虎逃出鲁国以后。阳虎与季孙的矛盾越来越激烈，双方派出军队，打了几仗，阳虎被打败了，只好逃跑。经过这次叛乱事件，鲁国国王鲁定公收回了一些权力，季孙等人也认识到保持社会稳定的重要性。保持社会稳定，首先要恢复社会秩序。在这方面，恐怕全鲁国没有谁比孔子更懂了。于是，孔子就被鲁定公请出来做官，首先是做中都这个地方的官员，这一年孔子五十一岁。在别人快要退休的年龄，孔子开始为国家贡献力量了。

按照《孔子家语》的记录，孔子把中都管理得很好。经过孔子一年的管理，中都人都学会了在日常生活中按规矩做事：走路时，男人走在街道的左边，女人走在街道的右边，互不干扰；吃饭时，大人吃大人的，小孩吃小孩的，也互不干扰；马路上有谁遗失的东西，没有人会去把它捡起来，私自占有；中都人也越来越朴素，不再使用那些华丽的东西。

对于书上的这些记录，很多人不太相信。男女很自觉地各走街道一边，这是传说发生在尧、舜等圣人时候的事情。后来儒家为了神化孔子，把这些传说也加到孔子身上。至于大人和小孩吃不同的东西，在春秋时期，中都普通经济条件的家庭是绝对不可能做到的。虽然书上的记录有些夸大，但孔子在中都为重新建立社会秩序而努力，做了很多事，也因此取得了一些成绩。所以鲁定公在一年后把孔子叫回首都曲阜，让他当小司空，然后又提升他当司寇，这是鲁国当时最高的官位之一，相当于今天最高法院的院长和公安部部长，权力很大。

孔子要当司寇的消息传开，曲阜城里的骗子和流氓首先就害怕得跑掉了，卖羊肉的不敢再往羊肚子里灌水了，卖牛卖马的也不敢随便乱喊高价了，说明孔子在曲阜城里还是很有影响力的。

孔子虽然主管法律，但他并不夸大法律的作用。他认为，法律只是通过对犯罪行为的惩罚，让人们不敢去犯罪，但人们内心对于犯罪行为并不感到羞愧。要想把国家管好，主要的还是通过教育，提高人们的道德水平，让人们内心自觉自愿地遵守社会秩序，自觉地做一个好人，从根本上消灭犯罪行为。在孔子看来，对于国家管理，法律只能起到次要作用和辅助作用，法律是在教育失败时才开始发挥它的作用。

孔子的这一看法，导致他和以前的司寇完全不同。以前的司寇是用法律的手段来解决法律问题，可孔子更多是通过教育手段来解决法律问题。孔子的这个做法，直接影响了今后几千年中国人管理国家的观念，也影响了中国人对法律的态度。

本级词:

盒子 hézi | box

劝 quàn | to advise

逃跑 táopǎo | to run away

干扰 gānrǎo | to interfere

占有 zhànyǒu | to occupy, to own

主管 zhǔguǎn | to be in charge of

自愿 zìyuàn | voluntary

辅助 fǔzhù | to assist

超纲词:

买家 mǎijiā | buyer

比喻 bǐyù | metaphor

叛乱 pànluàn | rebellion

规矩 guīju | rule

遗失 yíshī | to lose due to carelessness

捡 jiǎn | to pick up

私自 sīzì | privately, without permission

朴素 pǔsù | plain

夸大 kuādà | to exaggerate

神化 shénhuà | to make divine

提升 tíshēng | to increase

最高法院 zuì gāo fǎyuàn | supreme court

公安部 gōng'ānbù | Ministry of Public Security

惩罚 chéngfá | to punish

羞愧 xiūkuì | ashamed

次要 cìyào | secondary

练 习

一、根据文章回答问题。

1. 鲁国国王为什么会请孔子做官?

_____

2. 你认为《孔子家语》的相关记载是真实的吗?

_____

3. 孔子对于道德和法律的关系有着什么样的看法?

_____

68

二、根据文章判断正误。

（　　　）1. 阳虎还在鲁国的时候，孔子就出来做官了。

（　　　）2. 孔子认为法律在国家管理当中能起到主要的和决定性的作用。

（　　　）3. 孔子更多是通过教育手段来解决法律问题。

二　孔子的治国方法：像水波一样向外扩散

孔子的政治理想是像圣人周公那样，把社会管理成人人都遵守礼乐的太平盛世。

问题是，怎样才能实现这一理想？孔子经常与他的学生讨论这一问题，鲁国国王和季孙等人也都曾经就这一问题请教过孔子。季孙曾经问孔子："怎样才能管理好一个国家呢？"孔子回答说："很简单，你自己做个好人，做个道德水平高尚的君子，给老百姓做好榜样，就能管理好国家了。"季孙对孔子的这一回答不太满意，认为孔子的回答太简单了，是在敷衍自己。季孙其实对国家管理有他自己的看法，他比较相信法律的力量，所以他又换了一个问题，这次问得更直接。他说："我把鲁国的坏人都杀光，是不是就可以管理好鲁国了？"季孙的这种想法很粗暴、很可怕，孔子批评他："你作为管理者，怎么能只知道杀人呢？你自己带头做个好人，全鲁国人都会跟着你做好人，就像风从草上吹过，风往哪边吹，草就往哪边倒。"

孔子的比喻也有点问题，草是无生命的东西，风怎么吹，草就怎么倒，可是人有自己的意志和想法，怎么可能完全以别人为榜样呢？所以不只是季孙不相信，孔子的学生子路也不太相信。子路有一次问孔子："怎么样才能做一位合格的管理者呢？"孔子回答说："认认真真地提高自己的修养。"子路觉得有些莫名其妙，我问管理方面的问题，你怎么回答提高修养呢。所以子路不服气，追问道："提高修养就够了吗？"孔子说："你自己的修养提高了，周围的人就会很安心地跟着你。"子路继续追问："然后呢？"孔子说："周围的人能够安心地

跟着你，那么更多的老百姓也会愿意跟着你。能让跟着你的老百姓感到很安心，就是尧和舜都很难做到呢。"

很显然，在孔子这里，提高修养不只是个人道德方面的问题，它还是一种管理国家的非常有效的方法。就像用教育手段来解决法律问题一样，孔子也用提高修养来解决统治和管理的问题。实际上，春秋时期其他思想家也把提高修养作为一种管理方法，比如管子、墨子等人。不同的是，他们只是把提高修养作为管理国家的辅助方法，而孔子则认为，提高修养不只是辅助手段，国王或管理者如果能提高自己的修养，不需要别的方法，就一定能管好一个地方。

在今天的人看来，孔子有些太理想化了。但在儒家看来，孔子这样说很有道理。儒家经常提到尧、舜，总以他们为榜样，那么，尧、舜这样的圣人又是怎样做统治者的呢？儒家经典记录了舜管理国家的几个故事。当时，历山的农民总是互相争夺土地，矛盾不断。舜为了解决这个问题，亲自在历山老老实实地做了一年农民，他通过榜样的作用，帮助当地农民养成了谦让的品德，从此不再争夺土地。东夷的工人制造的陶器质量很差。舜又亲自到东夷做了一年陶器工人，帮助工人们提高了陶器的质量，工人们再也不生产质量糟糕的陶器了。这是不是有关圣人的神话呢？

在孔子看来，社会就像一口水塘，往水塘里扔一块大石头，以石头为中心，水波会一圈一圈地向外扩展，最终整口水塘都会受到影响。统治者就是那块大石头。只要统治者带头做个好人，随后周围的家人、朋友也会跟着做好人，慢慢地，全社会都会成为好人。这样的话，管理国家还有什么困难呢？

本级词：

意志 yìzhì | will

扔 rēng | to throw

随后 suíhòu | then

超纲词：

太平 tàipíng | peace and security

盛世 shèngshì | flourishing age

君子 jūnzǐ | gentleman

敷衍 fūyǎn | to be offhand with

粗暴 cūbào | rude

带头 dàitóu | to lead

莫名其妙 mòmíngqímiào | puzzled

不服气 bù fúqì | refuse to accept as final

追问 zhuīwèn | to question repeatedly

争夺 zhēngduó | to fight for

谦让 qiānràng | modest

陶器 táoqì | pottery

统治者 tǒngzhìzhě | governor, ruler

练 习

一、根据文章回答问题。

1. 季孙和孔子在治国的观点上有什么不同？

_____

2. 许多人认为孔子将"君主和臣民"的关系比作"风和草"的关系有不合理
   的地方，为什么？

_____

3. 你欣赏孔子的治国思想吗？为什么？

_____

二、根据文章判断正误。

（   ）1. 孔子希望把社会管理成人人都遵守礼乐的太平盛世。

（   ）2. 孔子认为，国家领导人带头提高自己的修养，就可以管理好一个
           国家。

（   ）3. 子路同意孔子有关国家管理的说法。

72

三　夹谷会议：与齐国的斗争（一）

春秋时期的鲁国夹在大国之间，自己力量有限，所以在外交方面一直实行追随政策，谁强就追随谁。当时，晋国很强大，鲁国、郑国等小国都追随它，听从晋国的命令。但到了孔子当官的那些年，齐国慢慢地强大起来了，在一次很关键的战争中打败了晋国。这时，鲁国就面临着继续与晋国结盟，还是与齐国结盟的问题，这是决定鲁国未来几十年战略安全的一个问题。

鲁国与齐国的关系一向很微妙。两国的力量对比一直是齐强鲁弱。两国作为邻居，几百年来，难免在土地、人口等方面都存在一些矛盾。外交上有句名言"远交近攻"，邻居间的关系总是不太好处理，甚至很多邻居变成了生死仇敌。所以鲁国更愿意选择距离远一些的强国结盟，比如晋国、楚国，以对抗齐国。现在齐国强大了，晋国衰落了，靠不住了，该怎么办呢？齐国也在考虑与鲁国的关系，它不希望身边有个邻居站在晋国那边，这对齐国来说，始终是个威胁。所以齐国当时的国王齐景公想拉拢鲁国，于是提出，两国国王见个面，讨论一下两国关系。鲁国也正好想观察一下齐国的态度，如果结盟，能争取到什么有利条件，就答应了。双方约好，在夹谷见面。

见面的事情确定了，接下来就要确定派谁陪同国王去参加并主持会议。按以往的传统，都是季孙、孟孙、叔孙三人中的某位陪着国王去参加会议。但这一次，如果与齐国谈得不顺利，齐国很可能使用军事力量进行逼迫，三大贵族都有些担心。而且两国国王见面，还涉及到礼仪问题，他们对此没什么把握。最后，他们都同意让孔子陪着国王去。

听说是孔子陪着国王来，齐国负责会议的大臣黎鉏（Lí Chú）就向齐景公建议说，孔子作为一个读书人，应该很胆小。到时让莱族（Lái）人到会场，拿着刀枪威胁一下，说不定鲁国人就害怕了，同意结盟。莱族是住在夹谷附近的野蛮民族，这时刚被齐国征服，头脑简单，喜欢使用暴力来解决问题。齐景公以前见过孔子，知道孔子确实熟悉礼仪。他也知道莱族人确实挺野蛮，说不定与鲁国结盟的问题真可以靠莱族人来解决。齐景公想赶快解决鲁国的问题，有些急于求成，就同意了大臣的建议。

鲁国和孔子这方面又做了什么呢？孔子虽然是个读书人，但他父亲叔梁纥当年也是个著名的武士。孔子对军事手段不陌生，知道谈判不止是动嘴、动脑，有时候动刀动枪、展示军事力量也是很有用的方式。于是，他建议鲁国国王，一定要带上足够多的军队，有了军队的陪同，才能保证会谈的安全。国王本来就有些担心自己的安全，自然是同意了孔子的建议。

双方的准备工作都做好了，只等会议的那天到来。会场上到底会发生什么，两国上上下下的人都睁大了眼睛等着呢。

本级词：

以往 yǐwǎng | formerly

胆小 dǎnxiǎo | cowardly

不止 bùzhǐ | not limited to

到来 dàolái | to come

超纲词：

追随 zhuīsuí | to follow

政策 zhèngcè | policy

结盟 jiéméng | to enter into alliance with

微妙 wēimiào | subtle

远交近攻 yuǎnjiāo-jìngōng | to attack neighboring countries and maintain friendly relations with more distant nations

拉拢 lālǒng | to draw sb over to one's side

陪同 péitóng | to accompany

军事 jūnshì | military

涉及 shèjí | to get involved in

会场 huìchǎng | meeting place

暴力 bàolì | violence

急于求成 jíyú qiúchéng | anxious for success

武士 wǔshì | warrior

陌生 mòshēng | unfamiliar

睁 zhēng | to open (eyes)

练 习

一、根据文章回答问题。

1. 什么是"远交近攻"？

_____

2. 通过这个故事，你对孔子有什么新的认识吗？

_____

3. 齐景公为什么想用莱族人来威胁孔子？

_____

二、根据文章判断正误。

（　　）1. 齐景公希望拉拢鲁国，与鲁国结盟。

（　　）2. 孔子是个胆小的人。

（　　）3. 鲁国让孔子跟随国王去参加会议，是因为孔子很熟悉礼仪。

两国国王见面的这一天到了，孔子陪同鲁定公来到齐国边境上的夹谷。按照当时的礼仪，应当垒起一个三层台阶那么高的土台，两国国王及主要官员在土台上见面，其他人员则在土台下等候。齐景公与鲁定公最初的谈判并不那么顺利，于是齐国官员就按照事先的安排，让打扮得令人害怕的莱族人，拿着刀、枪走上台阶，边跳舞边靠近鲁定公。

孔子见情况不妙，赶快站了出来。孔子身高一米九，继承了他父亲的身体条件，力气也很大。他挡在鲁定公前面，那些莱族人想要冲到他身后，还真不是那么容易。孔子命令土台下的鲁国士兵，拿起武器，冲上台来，保护好国王。这样安排好了之后，孔子转身面对齐景公和齐国大臣，批评他们说："两国国王在讨论结盟的事情，莱族人却拿着刀、枪上台来破坏，你们是怎么安排这次会议的？难道齐国就这样对待你们的盟国吗？按照礼仪，野蛮人不得干预各个诸侯国的事情。而且，两国讨论结盟，不能使用武器进行威胁。今天这些违反礼仪的行为，会给齐国带来不好的影响，也让国王的品德出现污点。我想，这肯定不是国王您安排的吧。"

面对孔子的批评，齐景公只好让人赶快把莱族人带下去，同时把责任都推到手下的官员身上，说他们安排失误。从根本上说，齐国人还是低估了孔子的勇气与决心。孔子曾经说，真正的仁者一定是个勇敢的人。因为仁者"见义而行""见义必行"。见到正义的事情，见到他认为应该做的事情，仁者一定会站出来，毫不犹豫地去做。孔子就是一个仁者，一个真正实践仁道的人，当然也是个勇敢的人。

接下来的谈判比较顺利，双方都表现出结盟的愿望，但在结盟的条件上，出现了一些争议。齐国坚持要在结盟文件上增加一个条件：齐国与别国发生战争时，鲁国必须派出军队，跟随齐国一起战斗，否则将受到惩罚。其实，对鲁国来说，这一条件并不过分。以前，鲁国与晋国结盟，鲁国也是要派出军队，跟随晋国战斗。但以前这一条件并不需要在结盟文件中清清楚楚地写出来，双方都知道，这是盟国对盟主应该履行的义务。现在齐国坚持要写上这个条件，一方面是不太相信鲁国的诚意，另一方面也带有侮辱鲁国的意思。

孔子并没有与齐国人争论是否要把这一条件写在文件上，而是趁机也增加了一个条件。当初，阳虎逃到齐国去的时候，把鲁国在汶阳（Wènyáng）的三块土地送给了齐国。现在孔子提出，齐国必须把这三块土地还给鲁国。孔子的这种谈判策略很聪明。他并不与齐国人争论谁对谁错，而是趁机为鲁国争取利益。双方最后相互妥协，结成了盟国。

弱国无外交，在《春秋》这部史书中，鲁国在外交上取得的成绩实在是很少。这次夹谷之会，鲁国保住了自己的面子，同时又获得了实际利益，收回了三块土地。这可以算是鲁国外交的一次胜利。孔子为这次胜利做出了很大的贡献。

本级词：

边境 biānjìng | border

等候 děnghòu | to wait

打扮 dǎban | to dress up

令 lìng | to let

靠近 kàojìn | close to

干预 gānyù | to intervene

失误 shīwù | fault

正义 zhèngyì | justice

争议 zhēngyì | dispute

超纲词：

垒 lěi | to pile up	盟主 méngzhǔ | leader (in an alliance)
盟国 méngguó | ally	履行 lǚxíng | to fulfill (obligations), to honor (one's commitment)
污点 wūdiǎn | stain	
低估 dīgū | to underestimate	诚意 chéngyì | sincerity
仁者 rénzhě | benevolent person	策略 cèlüè | strategy
毫不犹豫 háo bù yóuyù | without hesitation	妥协 tuǒxié | to compromise
实践 shíjiàn | to exercise	

练 习

一、根据文章回答问题。

1. 齐国和鲁国这次会议的主要目的是什么？

_____

2. 夹谷会议中，孔子为什么能表现得那么勇敢？

_____

3. 孔子是怎么解决鲁国和齐国在结盟条件上的矛盾的？

_____

二、根据文章判断正误。

（　　　）1. 莱族人冲上来的时候，孔子很害怕。

（　　　）2. 齐国低估了孔子的勇气和决心。

（　　　）3. 夹谷之会，可以算是鲁国外交的一次胜利。

第七章 离开鲁国去卫国

一 拆除贵族的城市

今天的城市，不管大小，都是所在地区的政治、经济、交通和文化等中心。但春秋时期的城市，主要是政治和军事中心。城市的出现、城市的大小，很多时候会受到政治的影响。在一个诸侯国里，什么人有资格建城市，建多大的城市，都要按政治的规矩来决定，按礼的规定来设计。

在西周和春秋，国王一般都把土地和土地上的人民一起分封给国内的大贵族，或是对国家有贡献的大官，以及自己的儿子、兄弟等亲人。这些贵族们带着家人、家臣来到受封的土地。为了安全，他们开始修建自己的城市。城市建好后，他们住在城里，土地上原来的人民住在城外。所以，最初的城市就像一个军事城堡。就这样，大大小小的城市都建起来了。地位高的大贵族，家人多，家臣多，财产也多，按照礼的规定，城市不能超过首都的三分之一。地位低一些的，建造的城市不能超过首都的五分之一，最小的城市只有首都的九分之一大小。

就像大多数人都觉得自己家面积太小，还应再宽敞些一样，贵族们也都觉得自己的城市太小了。特别是贵族的后代越来越多，积累的财产也越来越多，原来建好的城市真是住不下了。等到春秋时期，各诸侯国的国王没能力再约束手下的贵族时，这些贵族就不顾礼的规定，按照自己的想法扩大城市。他们的城市越来越大，有的甚至都要超过首都了，这严重影响到国家的稳定和团结。

鲁国的季孙、孟孙、叔孙三大贵族分别在费、成、郈三个地方建起了自己的城市。他们把这几个城市当作自己的基地，所以建得很大，也很结实，明显不符合礼的规定。国王好像对他们不符合礼的做法习惯了，而且国王手中也没什么权力，想阻止也阻止不了。孔子支持国王，想改变鲁国这些情况，帮国王把权力收回来。但孔子只是司寇，力量有限，需要等待时机。不久，机会出现了。

"城堡总是先从里面攻破的。"季孙建起了费城，但他是鲁国的大臣，要处理国家的事情，所以一直住在鲁国首都曲阜，费城就交给家臣去管理。慢慢地，费城被家臣控制，家臣不再听从季孙的命令，甚至带着军队叛乱。叔孙家的情况也是这样。叔孙的家臣以郈城为基地叛乱，给叔孙家造成了很大的伤害。所以叔孙在打败家臣后，主动把郈城给拆掉了。孔子趁机向鲁国国王和季孙建议，把费城也拆掉，以避免出现像叔孙家那样的混乱局面。季孙认为拆掉费城是帮助自己去掉一个可能会发生的灾难，于是也就答应了。费城的家臣听说要拆城，不乐意了，很快就带着军队杀进首都曲阜，国王和季孙、孟孙、叔孙等都躲进季孙家进行抵抗。战斗很激烈，国王差点被箭射中。最后，好不容易才打败叛乱军队，然

80

后拆掉了费城。

孟孙的家臣比较忠心，不像季孙、叔孙家的家臣那样有野心，所以孟孙并不太愿意把自己家的城市拆掉，毕竟那是自己的基地。而且他很清楚，孔子之所以要拆城，是想帮着鲁国国王削弱大贵族的力量，把权力收回去，对大贵族们都是不利的。他派人去劝说季孙、叔孙，告诉他们孔子的真实目的，让他们不要再参与拆城的事情了。于是，季孙、叔孙一下子清醒过来，对拆城不再热心。没有他们的参与，只靠国王和孔子的力量，孟孙家的城自然就拆不掉了。

本级词：

修建 xiūjiàn | to build

不顾 búgù | to disregard, to ignore

基地 jīdì | base

局面 júmiàn | situation

灾难 zāinàn | disaster

拆 chāi | to dismantle

超纲词：

城堡 chéngbǎo | castle, fort

宽敞 kuānchang | spacious, roomy

当作 dàngzuò | to regard as

去掉 qùdiào | to get rid of

抵抗 dǐkàng | to resist, to fight back

忠心 zhōngxīn | loyal

野心 yěxīn | ambition

削弱 xuēruò | to weaken

练习

一、根据文章回答问题。

1. 按照春秋的礼仪，贵族在建造城市时需要注意什么？

_____

2. 季孙、叔孙为什么想拆掉自己的城市？

_____

3. 孔子为什么想拆掉季孙、孟孙、叔孙的城市？

_____

二、根据文章判断正误。

（　　）1. 春秋时期的城市，除了政治和军事之外，还有很多种别的功能。

（　　）2. 孔子拆城，是想帮助季孙去除今后可能发生的灾难。

（　　）3. 贵族们总是希望把自己的城市建得更大一些，更结实一些。

二　离开鲁国到卫国去

按照史书的记录，孔子当了司寇后，与季孙之间只有三个月的"蜜月期"。在这三个月里，孔子的意见，季孙基本上都同意了。而孔子也抓住机会，把季孙、叔孙的城市都拆掉了。季孙明白了，孔子的真正目的是要削弱自己的力量，帮助鲁国国王收回权力。两人短短的"蜜月"就这样结束了。季孙开始保持警惕，见到孔子，季孙也常常表现得很不热情。

对孔子保持警惕的不只是季孙、叔孙等鲁国大贵族，还有齐国国王齐景公以及大臣犁鉏。孔子在夹谷会议上的表现，让他们大为吃惊。孔子有文又有武，如果让他继续当官，管理鲁国，鲁国肯定会强大起来。邻国的强大对齐国来说，绝对不是好事。齐景公和大臣就经常一起商量，针对鲁国的这种情况该怎么办。齐景公想趁鲁国还没强大起来，先送点土地之类的礼物给鲁国，讨好一下鲁国。犁鉏则认为，鲁国强大的关键在孔子身上，让孔子当不了官，甚至把孔子从鲁国赶出去，就可以彻底解决这个问题了。他在夹谷会议上设计了一个阴谋，但失败了。这次他又设计了一个新的阴谋，给鲁国国王鲁定公和季孙送去八十名能歌善舞的美女、一百二十匹良马，希望这些能够让鲁定公和季孙等人天天沉浸在游玩当中，忘记他们的远大志向。没有他们的配合，只靠孔子一个人，鲁国不可能强大。

鲁定公和季孙一开始还下不了决心，要不要接受这批礼物。美女和良马，这表明了是要来腐蚀自己的，如果接受了，肯定会被鲁国人批评。齐国人也不着急，就停留在曲阜南门外，每天让那些美女唱歌跳舞。免费的歌舞表演轰动了整个曲阜，大家都跑到南门外去观看。季孙也化装成普通老百姓，挤在观看的人群当中，欣赏歌舞。季孙一连去了三次，每次回城都有些依依不舍。于是他拉着鲁定公出城，假装考察郊区，实际上是观看美女们的表演，整整看了一天。美女和良马的吸引力是无法抵抗的，鲁定公和季孙决定接受这批礼物。很快，两人都忙着观看歌舞表演，忙着骑马打猎，再也没有心情处理政事了。

孔子的学生子路看到这种情况，知道鲁国已经没什么希望了，就劝孔子离开鲁国。孔子却还不肯放弃，万一鲁定公和季孙只是暂时糊涂呢？他想等到鲁国举行祭祀的时候，再观察一下。按照礼的规定，祭祀结束后，要把祭祀用的肉分给各位大臣，如果自己能分到一份肉，说明鲁定公和季孙心里还有他，国家的事情就还有希望。可是等到祭祀结束，孔子希望的肉并没有出现。

孔子这下彻底失望了，季孙根本就不相信自己了，而鲁定公又被季孙控制。自己留在鲁国起不到任何作用，反而会让政治形势变得不安。孔子于是带着学生离开了鲁国，到别的国家去寻找机会。离开的时候，孔子还是有些舍不得，一路上走得特别慢。学生们就问他："上次你离开齐国，着急得不得了，做饭的米都已经洗好，马上就要放到锅里蒸了，你让我们带着洗好的米就上路。这次为什么速度这么慢呢？"孔子说："慢一点，留在鲁国的时间就长一点，这毕竟是我的祖国啊。"估计孔子自己也想不到，这次离开的时间会那么长，直到十四年之后，他才又回到自己的祖国。

本级词：

挤 jǐ | to squeeze into (a crowd)

郊区 jiāoqū | suburb

暂时 zànshí | temporary, for the time being

舍不得 shěbude | to be loath to part with or leave

估计 gūjì | to estimate

超纲词：

蜜月 mìyuè | honeymoon

警惕 jǐngtì | to be on guard

讨好 tǎohǎo | to flatter

阴谋 yīnmóu | conspiracy

沉浸 chénjìn | to be immersed in

游玩 yóuwán | amusement, pleasure

腐蚀 fǔshí | to corrode

轰动 hōngdòng | to cause a sensation

化装 huàzhuāng | to make up, to disguise oneself

依依不舍 yīyī-bùshě | to be reluctant to part

假装 jiǎzhuāng | to pretend

打猎 dǎliè | to go hunting

不肯 bùkěn | to refuse

糊涂 hútu | confused

祖国 zǔguó | homeland

练 习

一、根据文章回答问题。

1. 齐国人为什么要送礼物给鲁定公和季孙？

_____

2. 季孙为什么要化装去看歌舞表演？

_____

3. 孔子离开鲁国时，为什么走得很慢？

_____

二、根据文章判断正误。

（　　　）1. 季孙对孔子一直很信任，两人关系一直很好。

（　　　）2. 齐国很乐意看到一个强大的鲁国的出现。

（　　　）3. 孔子非常着急地离开了鲁国。

三　卫国国王很犹豫：要不要用孔子

孔子首先来到的是卫国。初进卫国，只见卫国人口稠密，这在春秋时期是比较少见的景象。所以孔子坐在牛车上，羡慕地说：人真多呀。孔子当时对卫国的印象还是不错的。随着孔子对卫国了解的深入，他后来评价说，鲁、卫两国的政治，就像兄弟一样。这句话往好的方向理解，是说鲁国的祖先周公和卫国的祖先康叔，两人是亲兄弟，所以两国关系一直都很密切，政治、文化上差不多。往不好的方向理解，那就是说，两国的政治也差不多，彼此彼此，鲁国政治很糟糕，卫国也好不到哪儿去，没什么区别。

这个时候，孔子名声已经很大了。孔子离开鲁国，带着众多学生来到一个陌生的地方，吃、住都成问题。刚到卫国的时候，借了子路亲戚的房子住着，不太方便，很需要钱。卫国国王卫灵公一开始表现得很热情。他直接问孔子："你在鲁国做官，收入是多少？"孔子说："每年有六万斗的粮食。"卫灵公很大方，按照孔子原来的收入给他提供钱财。可是孔子最需要的不只是钱财，他希望卫灵公能信任他，任命他一个职位，成就一番事业。这方面，卫灵公就很犹豫，一直不肯表明自己的态度。孔子被卫灵公搁置起来，就像一个好看的瓷器，摆在那儿，却不去用它。

卫灵公的犹豫，一方面是因为他年龄太大，当国王的时间太长。一个人要是已经当了四十二年的国王，哪怕他没取得什么成绩，他也会变得更愿意相信自己而不相信别人，他还让这个国家的人口增加了很多，这可是不小的成绩呢。当国王时间太长还会带来一个问题，他会觉得自己什么都见过，对新政治、新方法都提不起兴趣，哪怕这个改变是孔子带来的。

另一方面是因为卫灵公和孔子在政治上的看法不同。两人好几次讨论国家大事，都谈不到一起。比如孔子主张进攻蒲国，可卫灵公却不想；卫灵公希望多讨论怎么提高卫国的军事力量，可是孔子却把话题往礼仪方向引。这样的谈话发生过几次之后，卫灵公对孔子就有些心不在焉了。有一次两人谈话，天上正好飞过几只大雁，卫灵公就抬起头，眼睛一直追随着那几只大雁，好像孔子没有坐在对面跟他说话一样，连表面上的客气都没有了。这其实不能全怪卫灵公，儒家的主张有些太理想化，春秋、战国时期，很多国王在听儒家学者谈话时，都直打瞌睡。

孔子对卫灵公的耐心也渐渐消失了。有一次，卫灵公乘坐马车，在马路上大摇大摆地前进，为他驾车的是一个太监，车上还坐着他年轻漂亮的妻子南子。卫灵公让孔子坐在第二辆车上，跟在他后面，这让孔子心里很不舒服。按照礼的规定，太监地位很低，没有资格为国王驾车。而且在公共场合，国王身边应该都是国家的大臣与贤人，可是卫灵公的车上却是美女和太监。这让孔子看不下去了，他说，他从来没见过像喜欢美女一样喜欢道德的人。他这是在直接批评卫灵公好色。

不久，孔子离开了卫国，可是别的地方也并不比卫国好。这之后的十多年里，孔子就来来回回，多次进出卫国。

本级词：

彼此 bǐcǐ | each other, one another

众多 zhòngduō | numerous

犹豫 yóuyù | to hesitate

客气 kèqi | polite

怪 guài | to blame

耐心 nàixīn | patience

乘坐 chéngzuò | to ride

超纲词：

稠密 chóumì | dense

少见 shǎojiàn | infrequent

羡慕 xiànmù | to admire

亲戚 qīnqi | relative

番 fān | a course, a turn

搁置 gēzhì | to suspend

瓷器 cíqì | porcelain

心不在焉 xīnbùzàiyān | absent-minded

大雁 dàyàn | wild goose

大摇大摆 dàyáo-dàbǎi | to swagger

公共场合 gōnggòng chǎnghé | in public

太监 tàijiàn | eunuch

贤人 xiánrén | person of virtue

好色 hàosè | lascivious

练 习

一、根据文章回答问题。

1. 孔子说"鲁、卫两国的政治，就像兄弟一样"，你怎么理解?

_____

2. 在是否任命孔子的问题上，卫灵公为什么犹豫?

_____

3. 是什么事情让孔子批评卫灵公好色?

_____

二、根据文章判断正误。

（　　　）1. 孔子对卫国的印象一开始就很差。

（　　　）2. 卫灵公给孔子提供很高的收入，想任命他做大官，帮助自己管理
国家。

（　　　）3. 孔子与卫灵公在政治上的看法基本相同。

四　孔子见南子

如果说鲁国的政治矛盾主要是在国王和大臣之间，那卫国的主要矛盾是在父子之间。卫国当时有不少贤人，道德水平都很高，比如蘧伯玉（Jùbóyù）、宁武子等。孔子在卫国时，就曾经借住在蘧伯玉家里，得到了很好的招待。贤人很多，所以卫国国王和大臣之间问题不大。可是卫国国王卫灵公和他儿子蒯聩（Kuǎi Kuì）之间出了大问题。就在孔子来到卫国一年后，作为太子的蒯聩逃出卫国，跑到晋国去了。太子逃跑与南子有关。

南子是卫灵公后来娶的夫人，是太子蒯聩的继母。她本来是宋国的公主，嫁到卫国，给年老的卫灵公做妻子。南子长得美，关于她有很多是非。其中一个传言是说，她在宋国曾与公子朝相爱。公子朝长得很帅，连孔子都称赞过。南子嫁到卫国后，仍然忘不了他，她不顾大家的议论，让卫灵公把公子朝从宋国叫来。卫灵公居然答应了，让公子朝到卫国来做官，和南子见面。

这让蒯聩觉得很没有面子。有一次他经过宋国，宋国的老百姓竟然当着他的面，故意唱了一首讽刺南子和公子朝的民歌，歌中唱道："如果你家的母猪得到满足了，就把我们的公猪还回来吧。"很明显，母猪是指南子，公猪则是指公子朝。这首歌后来很有名，因为人们把他记录在历史书《左传》中了。总之，蒯聩当时听了这首歌后，非常生气。

回到卫国，蒯聩找来一个武士，带着他去见南子，想要趁机杀掉她。南子毕竟是国王的妻子，想杀她，一般的人还没有这勇气。蒯聩的武士见到南子就后悔了，蒯聩拼命向他使眼色，让他动手，他还是不敢。南子发现蒯聩表情奇怪，马上明白眼前的情况非常危险，她吓得大叫起来，边哭边逃去找卫灵公。蒯聩见事情失败，只好逃到晋国去了。

因为孔子的名气，南子对他也有些兴趣。《史记》记录，她派人去找孔子："来到卫国的人，如果想和国王处好关系的话，就一定要先去见见国王夫人。现在，夫人想见你。"孔子知道南子名声不好，可是人家点名要见他，如果拒绝，在卫国就没有什么前途了。孔子只好答应。按照当时的礼节，孔子站在屋外，南子坐在屋子里，中间隔着一层帘子。孔子看不清屋子里面是什么情况，他向里面鞠躬行礼，模模糊糊看到里面有个身影也站起来还礼，还听到叮叮当当的声音，那是南子身上戴的玉互相碰撞的声音。这让孔子感觉好了不少，觉得对方还挺懂礼貌的。两人说了些什么，史书没记载。别忘了，孔子祖先也是宋国人，两人还真有可以聊一聊的东西。

孔子见了南子后，学生子路很不高兴，以为孔子有什么想法。在这种重大问题上，孔子也不敢含糊，他着急得马上对天发誓："我没做什么不该做的事情，否则就让老天爷来惩罚我。"孔子确实没做什么，可是后世追求道德纯洁的学者们，还是不断因为这事批评孔子。

看到卫灵公年龄这么大，南子又这么厉害，孔子大概也知道，这样的卫国没什么发展。不久，孔子就带着学生离开了卫国。

本级词：

杀 shā | to kill

吓 xià | to scare

超纲词：

太子 tàizǐ | crown prince

继母 jìmǔ | stepmother

是非 shìfēi | gossip

传言 chuányán | rumor

母猪 mǔzhū | sow

公猪 gōngzhū | boar

使眼色 shǐ yǎnsè | to wink (to give a hint)　　碰撞 pèngzhuàng | to bump

帘子 liánzi | curtain　　含糊 hánhu | vague

身影 shēnyǐng | figure　　发誓 fāshì | to swear

还礼 huánlǐ | to return a salute　　纯洁 chúnjié | pure

练 习

一、根据文章回答问题。

1. 太子蒯聩为什么要逃出卫国？

_____

2. 孔子为什么会去见南子？

_____

3. 孔子为什么要向老天爷发誓？

_____

二、根据文章判断正误。

（　　）1. 卫国主要的矛盾在国王和大臣之间。

（　　）2. 孔子自己很想见南子，因为南子掌握着卫国的权力。

（　　）3. 后世的学者们对孔子去见南子有很多批评。

第八章 周游各国

一 隐士们的讽刺

春秋是个混乱的时代，战争、灾难、饥荒不断，老百姓活得很艰难。孔子一辈子都抱着拯救世界的心态，或者教育学生，希望能够扩大社会影响；或者参与政治，试图直接改变国家与社会。孔子因此总是很忙。但也有一些人，认为这个世界已经没有希望了，如果努力去改变社会的话，说不定反而会被这个社会改变，失去自我。这些人选择了一条与孔子完全不同的人生道路，他们隐居起来，拒绝和这个世界合作。在孔子周游各国的路上，他就碰到了不少这样的隐士。

很奇怪的是，这些人既然隐居了，按道理，他们应该对孔子不闻不问，孔子做什么、说什么，他们应该一点儿也不关心才对。但他们好像不忍心看到孔子这么辛苦，于是对劝说孔子放弃他的努力特别感兴趣。孔子和这些隐士之间的故事大都记录在《论语》和《庄子》这两本书中。庄子对孔子更多是讽刺态度，所以在书里讲了很多寓言故事来讽刺孔子，这些故事不一定可信。但《论语》中孔子和隐士们的几个故事，应该是真实的事情，他的学生们不会随便乱讲有关他们老师的故事，而且还把故事写进《论语》之中。

《论语》记录了这样一个故事。刚到卫国不久的孔子，事事不顺利。有一天他在家中弹奏音乐，想要借助音乐来放松一下，缓解一下自己烦恼的心情。这时门外走过一位隐士，他静静地在门口听了一会儿，然后对孔子说："你弹奏的音乐好像在发牢骚，抱怨没人了解自己。抱怨有用吗？这个世界就像一条河，有时河水很深，有时又浅一些，浅的时候你可以卷起裤子走过去，深的时候就要游过去。如果不知道水的深浅，一定要过河，那是要淹死的。"隐士是在劝说孔子，这个世界如此糟糕，你不要不知道深浅，早点退出来吧。

　　对于这样的想法，孔子也不好说什么。隐士们与孔子所走的道路不同，他们是要尽量地保护好自己，让河水不要淹死自己。而孔子却是要尽量改造世界这条河，让河水不要淹死太多人。孔子也知道这样做很难，当时有人曾经评论孔子，说他"知其不可而为之"，意思是说，孔子明明知道当时的情况不好，不可能改变什么，却还要努力去帮助这个世界。可见孔子是个有大爱的人。

孔子在郑国的时候，有一次和学生们走散了。子贡到处找他的老师，问别人有没有见过孔子。有一人就告诉子贡说："在郑国的东门那儿，站着一个人，脑袋长得像尧，脖子长得像皋陶(Gāotáo)，肩长得像子产，腰以下则比禹要短一些，看起来很没有精神，像是一条找不到家的狗，那是不是你老师？"子贡跑到东门，站在那儿的正是孔子。孔子问子贡是怎么找到这儿的，子贡把刚才那人说的告诉了孔子。孔子听到有人说自己像条狗，并不生气，反而哈哈大笑说："确实，我确实是像条找不到家的狗啊。"

尧、禹、皋陶长什么样，谁也没见过，能够说出这段话的郑国人，不是普通老百姓，至少读过书。这个故事大概也是战国时有人用来讽刺孔子的，知道孔子的偶像是尧、禹、子产等，就故意通过这个郑国人说出这些话。孔子这些年跑来跑去，从卫国到陈国，从楚国到蔡国，找不到落脚的地方，确实像一条被主人赶出家门的狗。孔子接受这一现实，虽然被人嘲笑，却不放在心里，这也是勇于面对现实、减轻压力的一种方式吧。

本级词：

心态 xīntài | the state of mind

试图 shìtú | to try to

之中 zhīzhōng | among

肩 jiān | shoulder

减轻 jiǎnqīng | to reduce, to lighten

超纲词：

周游 zhōuyóu | to roam, to tour

隐士 yǐnshì | hermit

抱着 bàozhe | to cherish (an idea)

拯救 zhěngjiù | to save, to rescue

自我 zìwǒ | oneself

忍心 rěnxīn | to have the heart

寓言 yùyán | fable, allegory

发牢骚 fā láosao | to complain

卷起 juǎnqǐ | to roll up

淹死 yānsǐ | to drown

大爱 dà'ài | humanistic love

脖子 bózi | neck

落脚 luòjiǎo | to settle down, to stay

练 习

一、根据文章回答问题。

1. 隐士是一群什么样的人？

_____

2. 为什么说孔子有大爱？

_____

二、根据文章判断正误。

（　　　）1. 隐士们确实是很同情孔子。

（　　　）2. 孔子听到有人把他比喻成一条狗，很生气。

（　　　）3. 隐士们是想保护自己，孔子却是想保护更多人。

二　知天命：遇到困难怎么办

孔子带着学生们来到卫国，最开始借住在学生子路的亲戚家里。可以想象，当时情况有多么困难。孔子着急地等着，希望卫国国王能重用他，让他可以发挥自己的才能，也可以解决生活上的困难。其实机会一直有，但被孔子拒绝了。

当时卫国国王卫灵公特别信任一个叫弥子瑕的男人。信任到什么程度呢？有一次弥子瑕的母亲生病，他急着回去看望，半夜偷偷地驾着国王的马车就上路了。按照卫国法律的规定，偷驾国王的马车是很严重的犯罪行为，犯罪者要被砍断双脚。但卫灵公替弥子瑕解释，说他对母亲很孝顺，明知可能被砍断双脚仍然这样做，很有勇气。卫灵公其实并不是真的欣赏弥子瑕对母亲的孝顺，只是无原则地喜欢他。《韩非子》中讲了一个故事，弥子瑕吃桃子，随手把吃剩下的半个桃子给卫灵公吃，这是很不礼貌的行为，可是卫灵公高高兴兴地边吃边说："这么好吃的桃子，弥子瑕竟然想着留给我一半，他对我真是太好了。"

孔子的机会就在弥子瑕身上。弥子瑕的妻子与子路的妻子是姐妹，弥子瑕曾经对子路说："你的老师要是愿意投靠我的话，我可以保证让他成为卫国的高官。"弥子瑕的话有些无礼，但以他和国王之间的关系来看，他确实有这个能力，并没有吹牛。子路把弥子瑕的话转告给孔子。孔子想都没想就拒绝了，他说："我能不能成为卫国的高官，是由命运决定的，弥子瑕又能起什么作用呢？"孔子想在卫国成就一番事业，但他希望通过正当的方法来实现自己的理想。如果通过弥子瑕才能让国王重用自己，那别人将如何看待自己呢？

什么是命运呢？总是听人说，今年运气不好，没赚到钱；谁运气好，娶了个好老婆。好像是老天爷在决定一个人的命运。孔子用命运这个理由来拒绝弥子瑕，难道孔子相信他的命运是由老天爷决定的？按照现代学者冯友兰的解释，命运是指一个人偶然碰到的那些事情。你不想它发生，它发生了，你不想它出现，它出现了，那些事情超出了你的能力范围和控制范围，这就是命运。孔子不是神，他无法控制所有的人，控制所有的事，没办法让社会按照他的想法来运行。

孔子带着学生经过匡（Kuāng）的时候，突然被当地人包围起来，一连包围了好几天，没吃没喝的。原因却让人有些哭笑不得，当地人把孔子错看成阳虎，阳虎曾经伤害过当地人。这种事情的发生，孔子能控制吗？孔子带着学生在宋国，他们在一棵大树下上课，这时宋国的高官桓魋（Huán Tuí）突然派人来，要把大树砍倒，把孔子赶出宋国。桓魋和孔子从来没见过面，他这么讨厌孔子，孔子能控制吗？面对这么多不喜欢的人和事，孔子感到无可奈何，只能说，这就是命运，是老天爷安排的命运，是天命。

孔子后来说自己"五十而知天命"，是说他明白当时环境很糟糕，很多事情无法控制。他明白了要实现理想很困难，因而做事情不再追求结果，不那么看重成败。但是，"知天命"不是放弃努力、什么事也不做。他依然非常努力，在各个诸侯国之间跑来跑去，忘记自己已经年龄很大。至于努力之后的结果，他并不太看重。有好的结果当然高兴，结果不好也不会失望甚至绝望，以致放弃自己的做人原则和人生理想。也正是因为有了这种心态，孔子才会听从命运，拒绝弥子瑕的安排。

本级词：

剩下 shèngxia | be left (over)
看待 kàndài | to look upon
偶然 ǒurán | occasionally
神 shén | god

讨厌 tǎoyàn | to loathe
没……没…… méi…méi… | neither…, nor…
因而 yīn'ér | therefore, with the result that

超纲词：

知天命 zhītiānmìng | to know the fate decreed by Heaven
砍 kǎn | to chop
投靠 tóukào | to turn to
无礼 wúlǐ | rude
吹牛 chuīniú | to boast
超出 chāochū | to beyond, to exceed

哭笑不得 kūxiào-bùdé | to be at a loss whether to cry or to laugh
无可奈何 wúkěnàihé | to feel helpless, to be at the end of one's resources
看重 kànzhòng | to attach importance to, to regard … as important
成败 chéngbài | success or failure

练 习

一、根据文章回答问题。

1. 孔子为什么拒绝弥子瑕提供的机会?

　　_____

2. 孔子真的相信神吗?

　　_____

3. 孔子的"知天命"是一种什么样的人生态度?

　　_____

二、根据文章判断正误。

　　(　　　) 1. 卫灵公确实很欣赏弥子瑕对母亲的孝顺。

　　(　　　) 2. 弥子瑕确实有能力帮助孔子成为卫国的高官,但孔子毫不犹豫地
　　　　　　　　拒绝了他的帮助。

　　(　　　) 3. 孔子"知天命",是说他愿意接受鬼神安排的命运。

三　　遇到危机 做学生的思想工作

孔子后来到了陈国，在陈国做了三年官。但陈国不是个适合长时间停留的地方，因为它悲剧性地夹在吴、楚两个强国之间，受到了太多的战争伤害。在这样一个常年发生战争的国家，孔子又怎么可能发挥他的才能呢？所以孔子想离开，常常唱着歌说，回去吧，回去吧。离开鲁国很长时间了，他特别想回到鲁国去。

按照《史记》的记录，这一年吴国又来攻打陈国，楚国国王楚昭王亲自带领军队来帮助陈国。楚昭王听说孔子在陈国，很感兴趣，就派人来请孔子到楚国去见一面。孔子决定趁着这个机会离开。这个决定不知道怎么就得罪了陈国的贵族们，在孔子带着学生们走到陈国和蔡国边境的时候，陈国的贵族们派出军队，把孔子和他的学生包围起来，不让他们走。孔子这次碰到了人生当中最大的一次危机，被人一连包围了好几天，粮食都吃光了，只好吃野菜煮的汤，大家饿得都站不起来了。学生们都很慌张，不知道接下来会发生什么，只有孔子仍然弹琴唱歌，好像情绪一点也没受到影响。

子路一向直率，心里藏不住话，他见到孔子一脸陶醉的样子，忍不住走上前去，向孔子提出自己的疑问："道德高尚的君子难道就是这样的下场吗？"孔子回答得也很直接："君子一向就是这个下场，有什么奇怪吗？只不过，君子碰到这种情况，知道如何约束自己，没有道德的小人则不受约束，什么坏事都做。"在孔子看来，一个人提高自己的道德修养，做君子，目的并不是升官发财。而且，在混乱的时代，君子坚持自己的原则，反而升不了官，发不了财。有没有粮食吃，和道德修养的高低没有关系。但一个人的道德修养，可以保证君子在饿肚子时比小人表现得更好一些。言下之意，你子路问出这样的问题，表现得可不那么君子。

孔子也意识到，在危机面前，学生们的思想不稳定，需要做些思想工作。于是他找来几个学生，一个一个地与他们谈话，然后由这几个学生再去做其他学生的思想工作。被他叫来的是子路、子贡、颜回，孔子分别问了他们一个相同的问题："我们到处流浪，现在又处在这样糟糕的情况中，难道我们做错了什么吗？"

子路思考问题不善于转变角度。他认为，"好人就会有好结果，现在没得到好结果，可能是因为我们做得还不够好，不够聪明。"孔子批评他说："如果世界像你想的这么简单，那伯夷、叔齐为什么会饿死在首阳山上？比干为什么会被杀死？"孔子提到的这三人都是商朝的人，伯夷、叔齐以道德高尚而著名，比干则以聪明而著名，传说他的心有七瓣，瓣越多越聪明。

子贡口才很好，很善于做生意，说话更圆滑一些。他回答孔子说："老师，您的思想主张无疑是天下最好的，但可能因为太完美了，所以天下人一下子接受不了，我们是不是可以先不要那么完美，让人们接受起来更容易些？"子贡的想法是商人的那种思维：世界就是个市场，孔子的思想主张是种商品，现在市场不接受这种商品，因为它质量太好，成本太高，价格也太高。我们提供质量差一些的商品，把价格降下来，市场就容易接受了。但是孔子认为：一个好农民，首先要尽自己的努力去把田种好，一个好的手艺人，首先要尽力做出优秀的产品；好农民也可能碰到水灾旱灾，好手艺人也会碰到不喜欢他产品的人，但不能因为这些原因就故意把田种坏，把产品做差。管理国家、提高道德修养就像农民种田，像手艺人制作产品，不能因为别人不接受你，就主动把自己的道德水准降低。在孔子看来，子贡之所以会这么说，是因为只想着眼前，缺乏远大的理想。

颜回不愧是小圣人，他的回答很符合孔子的心意。关于他的事情，我们以后再说。总之，孔子通过这次谈心，解决了学生们思想上的困惑，让大家的情绪又稳定下来了。

本级词：

意识 yìshí | to realize   成本 chéngběn | cost

思维 sīwéi | thought   缺乏 quēfá | to lack

超纲词：

危机 wēijī | crisis   煮 zhǔ | to boil

常年 chángnián | all year round   慌张 huāngzhāng | flustered

情绪 qíngxù | mood, emotion

言下之意 yánxiàzhīyì | hidden meaning
　　　between the lines

流浪 liúlàng | to roam, to lead a vagrant life

瓣 bàn | section

圆滑 yuánhuá | smart, tactful

心意 xīnyì | intention

不愧 búkuì | to deserve to be called

困惑 kùnhuò | perplexity

练 习

一、根据文章回答问题。

1. 孔子为什么想离开陈国？

_____

2. 子路认为他们处于糟糕情况、到处流浪的原因是什么？

_____

3. 子贡怎么回答孔子的问题？

_____

二、根据文章判断正误。

（　　）1. 孔子在陈国待了三年，因为陈国适合长时间停留。

（　　）2. 孔子把几个主要的学生叫来，问他们问题，是想知道自己哪儿做
　　　　错了。

（　　）3. 子路一向认为，好人就会得到好结果。

102

四 孔子与叶公的谈话

按照《史记》的记载，孔子后来派子贡去楚国，见到了楚国国王楚昭王，子贡口才好，说服楚昭王派军队把孔子从陈国人的包围中接出来，孔子就这样来到了楚国。《史记》还说，楚昭王打算重用孔子，要把一大块土地分封给孔子，被楚国大臣阻止了。有学者对《史记》的记录表示怀疑，认为楚昭王不可能第一次见孔子就给他这么多土地，这都是后世儒家学者在替孔子吹牛。实际上，孔子在楚国并不顺利，他只停留了几个月就离开了。这可能与楚昭王的身体状况有关，就在孔子来到楚国的那一年，楚昭王生病死了。把孔子请来的是楚昭王，现在请客的主人死了，楚国还有谁会看重这个客人呢？

还真有一位很看重孔子的楚国官员，这人是楚国叶县的最高官员，书里一般称他为叶公。孔子经过叶县的时候，叶公在孔子身边请教了不少问题。叶公这时候管理一片新占领的土地，不清楚自己的工作重点应该放在哪方面，就向孔子请教："怎么样管理一个地方呢？"孔子回答说："让这块土地上的人民生活得开心，让远方的人愿意到这儿来生活。"孔子这个建议很有针对性，对于新占领的土地，首先当然是要让人民安定生活，让他们接受你。所以叶公很佩服孔子，还偷偷找到子路打听，孔子到底是个什么样的人。子路没有回答他。孔子知道后，对子路说："你其实可以告诉叶公，孔子是个非常努力的人，努力起来就忘记了吃饭，他又是个很乐观的人，快乐的时候就忘了烦恼，忘记自己已经老了。"孔子认为自己是个努力而又快乐的普通人。作为一个有理想、有追求的人，生活在混乱的时代而能让自己快乐起来，生活在混乱的时代而不放弃努力，这其实已经不普通了。

叶公向孔子提到在自己管理下，叶县出现过的好人好事。他介绍说："叶县人很正直，有个年轻人，他父亲偷了别人的羊，这个年轻人知道后，就揭发了自己的父亲。"叶公作为一县县长，很欣赏这个年轻人的揭发行为。孔子对这件事是怎么看的呢？他说："在我们那儿，情况不是这样。父亲犯了错误，儿子会替他隐瞒，儿子犯了错误，父亲也会替他隐瞒，这才是真正的正直。"孔子认为儿子揭发父亲，不符合社会道德，所以并不同意叶公的看法。

这是个法律问题，很难说叶公与孔子谁对谁错。如果就事论事，叶公更符合现代社会的观念。但孔子从道德教育的角度来考虑，孝子无疑比揭发者更值得称赞。如果道德教育成功，人人都是孝子，也许这个社会就不会出现偷羊的情况。孔子曾经说，作为一个法官，最理想的情况并不是他审判的案件都准确无误，而是在他的影响和教育下，整个国家没有任何案件发生，也没有任何罪犯。孔子追求的就是这样一种理想的状态。

本级词：

占领 zhànlǐng | to occupy

偷 tōu | to steal

超纲词：

安定 āndìng | to settle down

正直 zhèngzhí | honest, upright

揭发 jiēfā | to expose (a crime, a conspiracy, etc.)

隐瞒 yǐnmán | to suppress the truth

就事论事 jiùshì-lùnshì | to consider sth as it stands

孝子 xiàozǐ | filial son

审判 shěnpàn | to judge

案件 ànjiàn | law case

误 wù | error, mistake

练 习

一、根据文章回答问题。

1. 孔子为什么很快就离开了楚国？

_____

2. 孔子是怎么描述自己的？

_____

3. 比较一下叶公和孔子关于揭发父亲的年轻人的看法，你更同意谁的观点？

_____

二、根据文章判断正误。

（　　　）1. 孔子在楚国很顺利，楚王把一块很大的土地分封给了他。

（　　　）2. 叶县的年轻人揭发自己的父亲犯罪，孔子认为他很正直。

（　　　）3. 孔子认为，作为一个法官，最理想的情况是每一个案件的审判都
　　　　　　　准确无误。

第九章　孔子的学生们

一 　**优等生颜回**

　　颜回是孔子最优秀的学生，可能也是最聪明的。有一次，孔子直接问子贡：
"你和颜回谁更聪明呢？"子贡听了赶忙摆手，说："我哪比得上颜回。颜回
'闻一以知十'，只要听到一件事，他可以推理、联想起十件事，而我只能闻
一以知二。"子贡很聪明，说这话有些谦虚，但也可以看出来，他平时对颜回是
非常佩服的。孔子也不照顾子贡的面子，点头表示同意，说："你确实比不上颜
回。"

　　聪明的人一般都有些骄傲，可颜回又很谦虚，也很老实，性格非常好。孔子
给学生们上课的时候，他是说话比较少的那个，孔子说什么，他都默默地不做
声，也看不出他到底听懂了没有。所以孔子一开始还以为颜回是比较笨的学生。
后来才明白，颜回并不笨，下课之后，他会一个人思考，结合孔子说的那些话，
对比自己的情况，常常会有一些很深刻的认识。

　　这样的好学生，老师肯定喜欢。可惜颜回在四十岁左右就死了。颜回死后，
鲁国国王曾经问孔子，学生里面谁最好学。孔子说："以前有一个叫颜回的，最
好学，从不随便生气，犯过的错误也从不再犯，可惜死得很早。现在要找一个这

样的学生可就难了。"孔子说的话里充满了浓浓的伤感之情。

孔子有三千学生，他们向孔子学习，或多或少都带些实用的、功利的目的。他们学习某种具体的知识，比如礼的知识，学了好去主持礼仪活动；比如国家管理方面的知识，学了好去做官。总之，这些学生通过学习，让自己成为一个能满足国王或贵族需要的人才。而孔子则在教学中试图把仁、义这些他认为的"道"教给学生。颜回最开始来学习，可能也抱有这样的目的，毕竟他家里很穷，需要稳定的收入。但随着学习的深入，颜回逐渐摆脱了这些功利性的目的，而纯粹以"道"为学习的目标。他跟着孔子学习怎样做圣人，并且在这个过程中体会到追求"道"的快乐。

孔子被后人称为圣人，但他活着的时候，没有人认为他是圣人，他自己更不敢认为自己已经是圣人了，所以孔子也是在学做圣人的道路上艰难努力。这时他发现颜回也站在自己的身旁，和自己一起在努力，在学做圣人的道路上，自己并不孤单，这种高兴的心情别人是无法体会的。前面讲到，在陈国被包围，连饭都吃不上的时候，孔子曾问了学生们一个问题，颜回的回答与子路、子贡都不同。颜回说："我们只要自己做得对，就问心无愧了。我们追求的是'道'，如果在求道方面做得不好，我们应该感到羞愧。如果我们在求道方面已经做得很完美，而那些国王、贵族仍然不能接受我们，那羞愧的应该是他们。"颜回的回答让孔子很有知音之感。

颜回家里很穷，他去世以后家里连棺材都买不起。他活着的时候，家里只有很少的土地，只能勉强维持一个家庭的生活。他住得也很简陋，家在破烂的小巷子里，马车都无法进去。但颜回过得很快乐，每天跟着孔子，不想出去做官赚钱。孔子称赞他说，"颜回每天过着很简单的生活，一碗饭，一杯水，别人都受不了这样的贫穷，可颜回却过得有滋有味，真是不简单啊。"颜回为什么能把贫穷的日子过得这么快乐？这是后世很多读书人感兴趣的话题。中国的很多读书人也像颜回一样，家里并不富裕，读书学习之余，总是为衣、食、住、行而烦恼，所以他们想从<u>颜回</u>身上找到力量。在他们看来，<u>颜回</u>之所以能够快乐，是因为他追求的东西已经超越了世俗的物质世界。衣、食、住、行当然重要，但是"道"比这些东西更重要、更宝贵。能够得到更宝贵的东西，难道不值得快乐吗？这就是<u>儒家</u>所说的圣贤风度。

本级词：

联想 liánxiǎng | to associate	超越 chāoyuè | to transcend
孤单 gūdān | lonely	物质 wùzhì | material

超纲词：

赶忙 gǎnmáng | hurriedly, quickly	问心无愧 wènxīn-wúkuì | to examine oneself and feel no shame
推理 tuīlǐ | to reason	知音 zhīyīn | on fully understanding and harmonious terms with each other
骄傲 jiāo'ào | proud	棺材 guāncai | coffin
不做声 búzuòshēng | to keep silent	勉强 miǎnqiǎng | barely
从不 cóngbù | never	有滋有味 yǒuzī-yǒuwèi | with great relish
伤感 shānggǎn | sick at heart	世俗 shìsú | worldly
纯粹 chúncuì | purely	圣贤 shèngxián | sage
后人 hòurén | late generations	

练 习

一、根据文章回答问题。

1. 子贡为什么认为颜回比自己更聪明？

_____

2. 颜回为什么是孔子最喜欢的学生之一？

_____

3. 颜回有什么特点？请简单总结一下。

_____

二、根据文章判断正误。

（　　　）1. 孔子认为颜回确实比子贡聪明。

（　　　）2. 颜回因为聪明，所以有些骄傲。

（　　　）3. 颜回向孔子学习，摆脱了功利性的目的。

二　有钱人子贡

　　同为孔子的学生，颜回很穷，子贡却很富。因为两人在这方面差别太大，孔子曾经把他们放在一起评论。他说："颜回很不错，可是真的是太穷了。子贡呢，不肯老老实实过日子，去做生意，预测市场行情，总是能猜到。"孔子不小心泄露了子贡赚钱的秘密。可是这秘密说起来简单，但普通人如果也去预测市场行情，十有八九会错。可见子贡其实很不简单。《史记》里专门给中国早期的商人们立了一个传记，子贡就被写进了这个传记，排在中国当时最有钱的人陶朱公后面，从这也可以看出来，子贡做生意有多么成功。

　　作为孔子的学生，子贡很关心应当怎样做一个合格的有钱人。他曾经问孔子："贫穷的人不要去讨好别人，有钱人也不要看不起别人，这样做人就差不多了吧？"子贡提出这个问题之前，已经做了很细致的观察。穷人很多时候因为没钱而感到不自信，不知不觉就表现得有些自卑。别说是面对有钱有权的人，哪怕就是面对房东，如果交不出下个月的房租，也只好摆出笑脸去讨好他，以求得他允许，推迟交房租的时间。孔子回答说："能做到这样已经不错了，但如果能做

110

到穷而快乐，富而好礼，就更好了。"一个人虽然贫穷，但只要他正直，有自己的追求，也可以活得有尊严，活得有滋有味，颜回就是很好的例子。一个人有钱了，应该自觉地按照礼的要求做事，做人规规矩矩，这样才会真正赢得别人的尊重。如果说子贡的想法是一种底线思维，指出了不希望出现的情况，那孔子就是树立了一个更积极的、更高尚的目标。他明明白白地告诉子贡，有钱之后应该怎样发展。

子贡后来就沿着孔子教育的方向前进，做一个有道德追求的有钱人。有一次在国外，子贡见到一个做奴隶的鲁国人，子贡就帮他付了钱，解除了他的奴隶身份。鲁国不希望看到鲁国人在国外变成奴隶，被人欺负，所以法律专门规定，像子贡这种情况，可以到鲁国的有关部门去领取这笔赔偿金。但子贡觉得自己有钱，应该回报社会，回到鲁国后拒绝领取这笔钱。孔子批评子贡说："你这样做不对。从今以后，鲁国还有谁会愿意帮本国同胞付奴隶赔偿金呢？你如果领取了国家给的这笔钱，大家同样会称赞你做了一件好事；而你不肯拿回你的钱，别人以后就不愿意再去帮助奴隶了。"

子贡本想做好事，孔子为什么反而批评他？按照鲁国的法律，每个人都会愿意帮助鲁国奴隶，反正赔偿金最后都由鲁国政府来支付。现在子贡拒绝领取赔偿金，大家都称赞他是道德模范，那别的人怎么办呢？如果像子贡那样，用自己的钱帮助奴隶后，拒绝领取赔偿金，那一般人也没有子贡那么有钱啊。如果不学习子贡，还是去领取国家赔偿金，会不会显得自己道德水平不够高，被人批评？这样一来，以后出钱帮助奴隶的人就会越来越少。比起子贡，孔子的考虑确实更深远，更全面。

子贡一开始并没觉得孔子有多么了不起。《论衡》这本书说，子贡成为孔子学生，第一年的时候，子贡甚至认为孔子比不上自己；等到第二年，子贡认为孔子和自己差不多；直到第三年，子贡才承认，孔子远超自己。在与孔子的不断接触中，子贡越来越清楚地感受到孔子的伟大。孔子死后，子贡在孔子的坟墓旁守了六年，是最后一个离开<u>孔子</u>坟墓的学生。而<u>孔子</u>死后，名声继续扩大，也与<u>子贡</u>推广<u>孔子</u>的思想有很大关系。

本级词：

差别 chābié | difference

猜 cāi | to guess

解除 jiěchú | to free … from, to relieve … of

赔偿 péicháng | to compensate

回报 huíbào | reward

模范 mófàn | model

接触 jiēchù | to contact

旁 páng | beside

超纲词：

行情 hángqíng | market situation

泄露 xièlòu | to disclose, to leak

十有八九 shíyǒubājiǔ | very probable

传记 zhuànjì | biography

不知不觉 bùzhī-bùjué | unconsciously

自卑 zìbēi | to feel inferior, self-contemptuous

尊严 zūnyán | dignity

底线 dǐxiàn | baseline

树立 shùlì | to set up

沿着 yánzhe | along

奴隶 núlì | slave

领取 lǐngqǔ | to receive

同胞 tóngbāo | fellow citizen or countryman

练 习

一、根据文章回答问题。

1. 子贡做生意很成功，他成功的秘密是什么？

   _____

2. 子贡为鲁国人解除奴隶身份，不要鲁国政府的赔偿金，孔子为什么仍要批评他？

   _____

3. 对于"怎样做一个有钱人"，子贡和孔子的回答有什么不同？

   _____

二、根据文章判断正误。

（　　）1. 子贡一开始就很崇拜孔子。

（　　）2. 子贡帮助了一个鲁国奴隶，后来按照鲁国的规定，从鲁国政府领取了赔偿金。

（　　）3. 孔子死后，名声还不断扩大，与子贡的推广有很大关系。

三　社会人子路

我们前面说过，子路有过长时间的社会底层生活经历，所以人生经验非常丰富，对于人情世故非常了解。这一点孔子也自认为比不上，他曾经佩服地说："只听原告或被告单方面的说法，就能把案件搞得明明白白，这个人只能是子路吧。"孔子在鲁国做过法官，知道审判案件不是那么容易的事情。原告、被告都说自己有理，法官必须把双方的说法都仔细地听一听，才有可能搞清楚谁对谁错。就这样还很容易被原告或被告欺骗，何况只听单方面的说法呢？但是子路人生经验丰富，普通的纠纷，他只要听上几句话，就知道错的是谁。子路后来做季孙的家臣，又在卫国做地方官，都很成功。这不只是因为孔子教育得好，也与子路过去的经历有关。

也正因为子路人生经验丰富，就显得他很特别，是《论语》里面孔子学生中最有性格特点的一位。别的学生来到孔子门下，就像一张白纸，孔子怎么教，他们就怎么听。可是子路不同，他来做孔子的学生前，人生的那张纸上已经写满了东西，让他把那些东西都擦掉，然后重新再写过，这并不容易。

一方面，子路并不盲目地相信孔子。当子路向孔子请教怎么样管理一个国家时，孔子回答说，"应该首先正名分，把每个人甚至每件事的名分搞清楚。"这是儒家管理国家的思想，子路并不赞成，认为孔子这样做太迂腐了，不知道变化，不符合实际。在孔子面前，敢用这种方式说话的学生只有子路了。孔子去见卫国国王的妻子南子的时候，学生中只有子路敢于直接给孔子脸色。孔子见子路不高兴了，赶快向老天爷发誓，给子路做出解释。

另一方面，子路原有的人生经验总是会时不时地表现出来，让他在做人做事的时候，总是不那么符合孔子的心意，当然，也不符合礼的规定。孔子生了重病，学生们都很担心，子路也在忙前忙后，向鬼神祈祷，让鬼神保护孔子。孔子不相信鬼神。向鬼神祈祷一般都是让鬼神原谅自己的错误，从而获得鬼神保护。可是孔子认为自己没有做错什么，不需要祈祷。所以孔子批评了子路，让他不要这样做了。孔子病得最严重的时候，很多人都以为他可能活不下去了。于是，子路找来一些人，让他们冒充孔子的家臣，开始准备葬礼。按照礼的规定，只有诸侯或大贵族才有家臣，才能由家臣来安排葬礼。孔子不是诸侯，也不是大贵族，他没有家臣，自然也就不应该享受这样的待遇。子路这么做，实际上是要提高孔子的葬礼标准，让他享受国王或大贵族的待遇。"不幸"的是，孔子没死，听说了子路做的这些事，非常生气。其实，子路做的这些事情，倒是很符合当时人的想法。哪家有人生病，都会想着祈祷一下；安排葬礼的时候，也想提高一下葬礼的标准。子路这样做，很世俗，可是在孔子以及其他学生看来，就是不守礼了。

所以孔子对子路也不客气，直接批评、讽刺，帮助子路成长为一个君子。子路最终不肯屈服于叛乱军队的要求，遵守道义而死。面对敌人，子路从容地整理好自己的衣服帽子，以最君子的方式被人杀死。

孔子对子路虽有一些不满，但他清楚，子路对自己的爱护是谁也比不上的。他曾经说，如果有一天流亡海外，跟随自己的肯定有子路。所以当子路被杀的消息传来时，孔子伤心得好些天都吃不下肉。

本级词：

脸色 liǎnsè | look on one's face (especially showing anger, disapproval, etc.)

原有 yuányǒu | original

不幸 búxìng | unfortunate

超纲词：

底层 dǐcéng | bottom, underclass

人情世故 rénqíng-shìgù | the ways of the world

原告 yuángào | plaintiff

被告 bèigào | defendant

单方面 dānfāngmiàn | one-sided

欺骗 qīpiàn | to deceive, to swindle

纠纷 jiūfēn | dispute

盲目 mángmù | blindly

名分 míngfèn | status

迂腐 yūfǔ | pedantic

祈祷 qídǎo | to pray

原谅 yuánliàng | to forgive

冒充 màochōng | to pretend

屈服 qūfú | to submit to

从容 cóngróng | calm and unflustered

练 习

一、根据文章回答问题。

1. 孔子认为自己在什么方面比不上子路？

_____

2. 子路和孔子的其他学生有什么不同之处？

_____

3. 孔子为什么总喜欢批评、讽刺子路？

_____

二、根据文章判断正误。

（　　　）1. 子路的人生经验、社会经验非常丰富。

（　　　）2. 子路并不盲目地相信孔子。

（　　　）3. 孔子生了重病，子路对孔子葬礼的安排，挺符合当时人的想法。

四　子贡和原宪

孔子死后，他的学生们走上了不同的道路。孔子按照学生各自的情况开展有针对性的教学，分别侧重于道德、语言口才、政府管理、学术文章四个方面。所以学生各自有不同的发展方向，颜回与子路不同，子贡与冉有也不同。即使同样是政府管理，子路与冉有的想法以及他们在政府管理的实践上也有很大的差别。在孔子死后，学生按照自己的所学、所思，各自发展孔子的思想。《庄子》中说，孔子的学生后来分成了八个流派，每个流派都认为自己的思想是真正的孔子思想。

概括说来，孔子的学生们可以分成两种。一种追求事业上的成功。比如子贡，他口才好，在外交和商业方面都取得了很大的成就；又比如子夏，他研究古代的学术文章，对儒家经典的研究整理做了很大的贡献，后来去魏国教授学生，培养了很多优秀的人才。另一种学生则像颜回一样追求道德上的自我成就，比如原宪和曾子。曾子以孝著名，是孔子学生中，除了颜回之外的另一个道德榜样。

学生人数多了，自然就会有比较，这是孔子众多学生很关心的一个问题。子贡就问过孔子，子张和子夏，谁更优秀。甚至孔子也问过子贡，让子贡自己评价与颜回到底谁更出色一些。慢慢地，对比不只限制在学生之间了，而是变成了群体之间的对比：是学习道德更有用，还是学习具体的事业更好？这就涉及到思想斗争了。《庄子》中记录了一个发生在原宪与子贡之间的故事，可以说明孔子学生之间的这种思想斗争。

孔子死后，原宪是学生中追求完美道德的代表。他住在鲁国，过着贫穷的日子。他的屋子非常简陋，又小又破。屋子没有门，原宪就随便找了些木头，绑在一起就成了门。屋顶是茅草做的，下雨的时候就不停地漏雨。原宪并不觉得自己的生活有什么问题，在屋子里弹琴唱歌，非常快乐。有一天，子贡坐着宽敞豪华的大马车，穿着华丽的衣服来拜访原宪。原宪家所在的巷子很小，子贡的马车根本就进不去，子贡只好下车走到原宪家门前。原宪走出屋门欢迎，他戴着一顶开裂的帽子，穿着一双脚后跟磨破了的鞋子，拄着一根拐杖，好像生病了一样。子贡关心地问："哎呀！你不是生了什么病吧？"原宪回答："我听老师说，没有钱叫做'穷'，学习了仁义之道却不能实践才叫做'病'。我现在不过是穷一些而已，并没有生病。"子贡听后，在门前徘徊了一会儿，感到很惭愧。原宪又笑着说："和有钱有权力的人交朋友，讨好他们，为他们做事情，追求豪华的马车和华丽的衣服，为了获得一个好名声而摆出一副学习的样子，这些都是我不愿去做的。"

这个故事是站在原宪一边，批评子贡的。原宪带有明显的道德优越感。故事描写原宪的贫穷生活，无疑会引起很多人的同情。同时，对大多数贫穷的人来说，这个故事可以给他们安慰，减少缺衣少食带给他们的失败感和无力感。而原宪在追求道德过程中享受到的快乐，故事中对子贡豪华马车、衣服的嘲笑，也给了许多人很大的鼓励——原来，在钱财之外，追求道德能给人带来更大的快乐。

本级词：

之外 zhīwài | besides

漏 lòu | to leak, to drip

安慰 ānwèi | to comfort

超纲词：

侧重 cèzhòng | to emphasize

绑 bǎng | to tie

屋顶 wūdǐng | roof

茅草 máocǎo | thatch

开裂 kāiliè | to rip

脚后跟 jiǎohòugēn | heel

磨破 mópò | worn

拄 zhǔ | to lean on (a stick, etc.)

拐杖 guǎizhàng | crutch

徘徊 páihuái | to pace up and down

优越 yōuyuè | superiority

练习

一、根据文章回答问题。

1. 孔子根据学生不同的特点而进行针对性的教学，他的教学内容主要可以分为哪四个方面？

   _____

2. 孔子的学生们有着不同的人生追求，具体可以分为哪两类？

   _____

3. 《庄子》中记载的原宪和子贡的故事，对许多人起到了什么作用？

   _____

二、根据文章判断正误。

（　　　）1. 曾子是颜回死后孔子学生中的另一个道德榜样。

（　　　）2. 原宪认为，没有钱只是"穷"，学了仁义之道却不去实践才是"病"。他认为子贡才是真的病了。

（　　　）3. 原宪和子贡对比，原宪更容易引起大家的同情。

第十章 最后的岁月

一 回到鲁国

孔子在国外十四年，一直希望能有个国家的国王欣赏自己的才能，任用自己。他曾经说："要是哪个国家愿意用我，只要给我一年时间，就可以看出明显的效果，给我三年，一定能把国家管理好。"这话听起来像是孔子为自己做的广告，可惜，他还是没把自己推销出去。

在这十四年里，鲁国发生了很大的变化。在孔子见南子的那一年，鲁定公死了，继承王位的是他的儿子鲁哀公。在孔子六十岁的时候，那位把孔子从鲁国气跑的季孙也死了。季孙死前，坐着马车绕着整个曲阜城转了一圈，他对曲阜、对鲁国还是很有感情。面对鲁国越来越衰落的景象，季孙对当年把孔子赶跑、错过了振兴鲁国的机会，感到非常后悔。他叮嘱下一代的季孙说，"我死后，你会接替我的职位，到时你一定要把孔子请回鲁国来，重用他。"

没过几天，老季孙就死了，新季孙掌握了权力，史书上称他为季康子。季康子打算听从父亲的话，把孔子请回来。他手下的家臣公之鱼劝他说，"当年您父亲任用孔子，却没有坚持到最后，半途而废，被诸侯国笑话。如果您这次任用孔子，还是半途而废的话，诸侯国就会笑话得更厉害了。"季康子听他说得有道理，也犹豫起来。最终季康子把孔子的学生冉有请回鲁国。冉有有才能，又很听话，重用他，也不必担心失去控制。而且他是孔子学生，也算是部分实现了父亲的愿望吧。

时间又过了八年，孔子六十八岁了。这一年齐国侵犯鲁国，双方发生战争，鲁国贵族孟孙带领的军队被齐国人击败，而冉有带领季孙家的军队却击败了齐国人。季康子为冉有的表现高兴，他问冉有，"你一向擅长礼仪、政府管理方面的事，没想到率领军队方面也不错，你这方面的能力是天生的还是学来的？"冉有说，向孔子学来的。季康子于是向冉有打听，孔子是个怎么样的人。冉有把老师大大地夸奖了一下，并趁机向季康子建议，把孔子请回鲁国来。这一次，季康子没有犹豫，立即派人带上礼物，去卫国把孔子请了回来。

季康子这次为什么没有犹豫呢？一方面，他与鲁哀公、与孟孙等贵族的权力斗争一直在进行，如果能借用孔子的影响，对他无疑是个很大的帮助。另一方面，孔子已经六十八岁了，这样一个老人，即使还有影响力，回来以后还能有多大的作为呢？就这样，十四年后，孔子回国了。

孔子回国后，并没有担任具体的职位。有时候，鲁哀公和季康子会来向孔子请教一些有关政治的问题。有一次，鲁哀公问孔子，怎么样才能让老百姓听从自

己？鲁哀公这时候已经失去了对权力的控制，从上到下，没人听他的了。孔子的建议是，应该选择正直的人，把他们放到领导的位置上，这样，别人就会听你的。如果重用小人，让他们去领导正直君子，那谁还会听你的呢？孔子的这番话，鲁哀公估计没听进去。十几年后，在季孙、孟孙等人的联合逼迫下，鲁哀公逃出鲁国，最后死在了国外，成为权力斗争中牺牲的又一个国王。

季康子知道孔子做过鲁国的法官，来向孔子请教法律问题：国内犯偷窃罪的人太多了，该采取什么措施。孔子回答说，"如果你自己带头，克制自己的欲望，老百姓也会跟着克制自己，又怎么会去偷别人的东西呢？"季康子占据了本来属于国王的权力。在孔子看来，季康子就是鲁国最大的偷窃犯。你自己带头偷窃，又怎么好意思批评普通的小偷小摸行为呢？

本级词：

绕 rào | to go around | 回头 huítóu | to turn around

超纲词：

任用 rènyòng | to appoint | 擅长 shàncháng | to be good at

振兴 zhènxīng | to revive | 偷窃 tōuqiè | to steal

叮嘱 dīngzhǔ | to urge repeatedly | 克制 kèzhì | to restrain

接替 jiētì | to succeed | 好意思 hǎoyìsi | to have the face

半途而废 bàntú'érfèi | to give up halfway | 小偷小摸 xiǎotōu-xiǎomō | pilferage, petty thieving

练 习

一、根据文章回答问题。

1. 季孙为什么要求季康子把孔子请回鲁国重用？

_____

2. 季康子为什么一开始没有把孔子请回鲁国？

_____

3. 冉有赢得了与齐国的战争后，季康子为什么把孔子请回了鲁国？

_____

二、根据文章判断正误。

(　　　) 1. 孔子一直在努力地推销自己，可是一直没推销出去。

(　　　) 2. 季孙快要死的时候，对当年把孔子赶跑一点也不后悔。

(　　　) 3. 季康子把孔子请回鲁国，是真心想任用孔子，让孔子发挥他的
才能。

二　编书

回到鲁国后，孔子的主要工作是教育学生和整理古代文献。春秋时期，能看到的最早资料可能是商朝保存下来的，经过周朝几百年的时间，积累起来的文献资料已经非常多。这些文献有些是史书，记录历史上的人物、事件，有些则记录着国家的各种制度，比如政治、经济怎么安排，礼的各种规定等等。到孔子晚年的时候，因为周王朝的衰落和战争等原因，这些文献资料有不少遗失，还有一些变得混乱起来。孔子回到鲁国后，开始有目的地整理古代文献。孔子的理想是让社会回到西周周公那样的黄金岁月，那么搞清楚那个时代的相关制度，对孔子来说，意义很不一般。恢复这些制度孔子当时是没办法实现了，但只要记录这些制度的文献还能传下去，就可以给后代保存希望的种子。

早期文献中较为混乱的，首先就是《诗经》。《诗经》是后来的名字，当时就称为《诗》，是一本收集商、周诗歌的书。这些诗歌，都有配合的旋律，可以演唱，不同的诗歌用在不同的场合，比如祭祀祖先时唱什么歌，婚礼上唱什么歌等，都有规定。所以，当时的贵族对《诗》都很熟悉，否则出席各种场合、参加各种活动，就很容易出洋相。

《诗》里面有三百多首诗歌，本来是按音乐风格分类的，有些属于各地的民歌，有些是贵族自己创作的，还有些是国家礼仪活动需要用到的很严肃的歌曲。但经过长时间的流传，《诗》的分类出现了混乱，本来很严肃的歌曲，混入到民歌那一类；本来轻松的民歌，也可能出现在祭祀祖先的歌曲中去了。贵族们在安排各种活动的音乐表演时，就出现了很多问题。孔子精通音乐，熟悉不同风格的歌曲，他就把《诗》里面这三百多首诗歌的顺序和分类都重新调整了一下，这就是我们今天看到的《诗经》。

孔子还编写了春秋时期的历史。中国的各个朝代，都安排了专门记录历史的官员，国王做过什么事，说过什么话，这些官员都应该记录下来。所以春秋时期，不只是周王朝编写了自己的史书，各个诸侯国也编写了各自的史书。孔子把这些史书都收集起来，以鲁国史书为基础，把周王朝和各诸侯国的历史都融合进去，编写了《春秋》一书。

《春秋》是一部优秀的历史书，成功地再现了春秋那个时期。更关键的是，孔子的思想，特别是他的政治观点，通过他对大大小小的历史事件的记录，都在书里得到了体现。孔子就像一个法官，对历史上的每一件事、每一个人都做出了自己的审查和判断，然后通过不同的文字安排和记录方式，表达他对这些人和事的看法。比如晋国国王晋灵公被手下官员杀死了，这事本来与晋国当时的丞相赵盾没有关系，他当时逃了出去。但《春秋》在记录这件事情时却说，赵盾"弑"(shì)其君。弑，就是杀，专门指臣杀君，下杀上，在春秋时期，这是非常严重的犯罪行为。孔子这样记录，其实是批评赵盾，认为他犯罪了，是杀死国王的凶手。孔子解释说，赵盾虽然与杀死晋灵公这件事没有关系，但事情发生后，他并没有离开晋国，很快又回来了，回来后也没有把杀死国王的凶手抓起来，没有审判他的罪恶。实际上赵盾对杀死晋灵公是赞成的。

孔子的思想，除了记录在《论语》中的与学生们的对话外，更多体现在《春秋》《诗经》等他编写的文献中。这些书，千百年来被人们反复阅读，深刻地影响了中国和世界。

本级词：

收集 shōují | to collect

诗歌 shīgē | poetry

分类 fēnlèi | to classify

严肃 yánsù | serious

超纲词：

文献 wénxiàn | document

晚年 wǎnnián | one's later years

旋律 xuánlǜ | melody

出洋相 chū yángxiàng | to make an exhibition of oneself

混入 hùnrù | to mingle

编写 biānxiě | to compile

再现 zàixiàn | to recreate

审查 shěnchá | to investigate

丞相 chéngxiàng | prime minister

凶手 xiōngshǒu | murderer

练 习

一、根据文章回答问题。

1. 孔子编书的主要目的是什么?

_____

2. 在孔子整理前,《诗经》出现了什么问题?

_____

3. 孔子怎么利用《春秋》来表达他的政治观点?

_____

二、根据文章判断正误。

(   )1. 孔子回到鲁国后,最主要的工作是给国王和大贵族们提出各种建议。

(   )2. 到了孔子的年代,《诗经》在音乐风格的分类上变得有些混乱。

(   )3. 赵盾"弑"其君,孔子通过"弑"字,表达了他对晋灵公被杀一事的态度。

三　晚年遭受的打击

孔子回到鲁国后，过着安定的生活。但他的晚年也充满了种种痛苦，先是儿子死去，接着颜回和子路又先后去世，这都给孔子带来沉重的打击。

孔子唯一的儿子叫孔鲤，史书上对孔鲤的记录很少。从《论语》的记载看，孔子在他身上所花的精力并不比其他学生多。有一次，陈亢问孔鲤："你父亲有没有教给你什么特别的东西？"孔鲤老实地回答说没有。在他的记忆中，父亲只有两次关心过他的学习情况。一次问他有没有学《诗》，叮嘱他应该学《诗》；另外一次是问他有没有学礼，然后叮嘱他学礼。也许孔子更关心的，是给儿子做一个好榜样，而不是某种具体学问的教育。孔鲤死时才五十岁，孔子已经七十岁，白发人送黑发人，世界上没有比这更痛苦的了。

仅过了一年，颜回死了。颜回死时才四十岁，正是被孔子和周围人寄予厚望的时候。他的突然去世，给孔子很大的打击。孔子哭喊着："老天爷这是要我的命呀！要我的命呀！"颜回和孔子，在长期的教学过程中，在十四年的流亡生活

中，结下了深厚的师生感情。有一次，孔子和学生们被包围在匡，混乱之中，颜回与众人走散，后来才追了上来。孔子见到他，担心地说："我还以为你碰到意外，死了呢。"颜回回答说："老师您还活着，我怎么能死呢？"这句话很简单，却像是颜回对继承孔子、照顾孔子的郑重承诺。现在这个承诺实现不了，孔子能不伤心吗？孔子哭得如此伤心，以至于别的学生都提醒孔子，过分伤心不符合礼的规定。孔子回答说："我太伤心了吗？我不为颜回伤心，又为谁伤心呢？"对孔子来说，孔鲤是自己血缘上的儿子，而颜回更像是精神意义上的儿子。孔鲤去年死了，现在这个儿子又死了，孔子能不伤心吗？

颜回死了，颜回的父亲颜路想把葬礼办得隆重一些，为颜回制作一口豪华体面的棺材，可是这种棺材要用很多木头，颜回家很穷，买不起。颜路想到了孔子的马车，如果把马车卖掉，这个问题就解决了。于是颜路希望孔子把唯一的马车给自己。孔子拒绝了颜路这个不合理的要求。孔子一向反对豪华、浪费钱财的葬礼，不希望因为这个影响活人接下来的生活。去年孔鲤的葬礼用的就是一副很简单的棺材。何况孔子还要经常出门去见鲁国国王、贵族，按照礼的规定必须坐马车，把马车卖掉，自己以后还怎么出门呢？

又过了一年，子路在卫国的叛乱中被杀死。叛乱的消息刚传到鲁国，孔子就判断子路这一次必死无疑。以子路的勇敢、忠心，他一定会认真履行自己的职责，绝对不会抛弃自己的上级和国王。果然，不久就传来了子路被杀的消息。孔子虽然有心理准备，还是再一次感到伤心："老天爷这是在诅咒我啊！"

孔子曾经评价颜回，"自从有了颜回，学生们一天比一天团结，大家在一起相处得越来越融洽。"他评价子路，"自从有了子路，就没人敢当面说我的坏话了。"这两个孔子最喜欢、最信任的学生都死了，这给孔子带来的打击可想而知。

本级词：

记忆 jìyì | memory

唯一 wéiyī | only

上级 shàngjí | higher level, superior

超纲词：

白发人 báifàrén | old person

黑发人 hēifàrén | youngster

寄予厚望 jìyǔ hòuwàng | to place high
　　　　　　　hopes

郑重 zhèngzhòng | solemn

承诺 chéngnuò | promise

血缘 xuèyuán | blood relationship

隆重 lóngzhòng | ceremonious, grand

体面 tǐmiàn | honorable, decent

职责 zhízé | duty

抛弃 pāoqì | to discard, to abandon

诅咒 zǔzhòu | to curse

融洽 róngqià | on friendly terms with each other

可想而知 kěxiǎng'érzhī | it can be imagined

练 习

一、根据文章回答问题。

1. 颜回的死为什么给孔子带来那么大的打击？

_____

2. 孔子为什么拒绝把马车卖掉，给颜回做棺材？

_____

3. 为什么卫国发生叛乱，孔子就判断子路会死？

_____

二、根据文章判断正误。

（　　　）1. 孔子对儿子的教育，是给儿子做出榜样。

（　　　）2. 颜回的去世，对孔子打击很大。

（　　　）3. 因为喜欢颜回，所以孔子对颜回的葬礼做了很特殊的安排。

四　孔子之死

在一次又一次打击之下，七十二岁的孔子终于有些坚持不住了。其实在子路死去以前，他就预感到，留给他的时间不多了。

孔子平时相信人自身的努力，很少谈论命运，也不谈论鬼神。但在鲁哀公十四年（公元前481年）的春天，发生了一件事情，孔子把这件事与自己联系了起来。按照《春秋》和《史记》的记录，鲁哀公在这年春天，按照以前的习惯，带着贵族们到郊区去打猎。叔孙家在打猎过程中，射死了一只长相很奇怪的动物，谁也没见过，大家都觉得有些不吉利。孔子见多识广，是鲁国最博学的人，于是，大家就请孔子辨认。孔子认为，这是麒麟。麒麟是传说中的神兽，谁也没见过。孔子也没见过，他只是在书上看过有关麒麟的描写，但他和当时很多人一样，相信麒麟等的存在。

孔子在书上看到过，知道麒麟是一种仁义的动物，只在天下太平的时候才出现。现在天下混乱，到处都是战争，没有哪个国王愿意遵守礼乐，麒麟不应该出现了又被射死。它就像自己一样，在错误的时间出现在错误的世界里。孔子想到这点，心中忍不住一阵悲伤，为自己，也为麒麟。他把鲁哀公抓到麒麟当作一件大事，写进了《春秋》这本史书，然后就再也不写了。《春秋》结束了，属于孔子的时代也要结束了。

子路死后，子贡回到鲁国看望孔子。孔子站在门前的院子里唱道："泰山就要倒了，房屋的柱子也要断了，我大概快要死了。"面对死亡，孔子并不害怕，也不慌张。孔子对子贡讲了前几天做的一个梦，他梦到自己坐在客厅的两根柱子中间，接受别人的祭拜。孔子告诉子贡："这是商朝人的葬礼，而我就是商朝人的后代啊。"孔子已经预感到自己的死亡。七天后，孔子死了。这一年，他七十三岁。

孔子死后，他的学生们把他埋在了曲阜城北的泗水河边。学生们把孔子看作自己的父亲，为他服丧三年。三年之后，学生们各自痛哭着，离开了孔子的坟墓。只有子贡一直留在坟墓旁，为孔子服丧六年。有些学生，还有一些鲁国人，因为怀念孔子，把家搬到孔子坟墓附近，这里渐渐地形成了有几百户人家的小镇子，当地把它称为孔里。这以后的两千多年，上到皇帝，下到老百姓，经过孔里，都要去拜一拜孔子。因为孔子是圣人，是中国唯一没有做过国王、皇帝，而被称为圣人的人。

本级词：

客厅 kètīng | living room

超纲词：

预感 yùgǎn | to have a premonition

谈论 tánlùn | to talk about

长相 zhǎngxiàng | appearance

吉利 jílì | lucky

见多识广 jiànduō-shíguǎng | well-read and well-informed

辨认 biànrèn | to recognize, to identify

麒麟 qílín | Qilin

神兽 shénshòu | mythical beast

柱子 zhùzi | pillar, column

祭拜 jìbài | to worship

痛哭 tòngkū | to cry one's eyes out

皇帝 huángdì | emperor

练 习

一、根据文章回答问题。

1. 孔子为什么认为那只奇怪的动物是麒麟?

_____

2. 孔里这个地方是怎么发展起来的?

_____

3. 简单谈一谈你对孔子的认识。

_____

二、根据文章判断正误。

(　　) 1. 孔子很少谈论命运,也不谈论鬼神。

(　　) 2. 孔子觉得自己就像麒麟一样,是在错误的时间出现在了错误的世界。

(　　) 3. 孔子是中国唯一没有做过国王、皇帝,而被称为圣人的普通人。

练习参考答案

第一章　孔子的时代和家族

　　一、1. √　　　2. ×　　　3. ×

　　二、1. √　　　2. √　　　3. ×

　　三、1. √　　　2. ×　　　3. √

　　四、1. ×　　　2. √　　　3. √

第二章　青少年时期

　　一、1. ×　　　2. √　　　3. ×

　　二、1. ×　　　2. ×　　　3. √

　　三、1. ×　　　2. √　　　3. ×

　　四、1. ×　　　2. √　　　3. √

第三章　成家立业

　　一、1. ×　　　2. ×　　　3. √

　　二、1. ×　　　2. √　　　3. √

　　三、1. ×　　　2. ×　　　3. ×

　　四、1. ×　　　2. ×　　　3. ×

第四章　早期的两次出国经历

　　一、1. ×　　　2. √　　　3. ×

　　二、1. ×　　　2. ×　　　3. ×

　　三、1. ×　　　2. ×　　　3. ×

　　四、1. √　　　2. √　　　3. ×

第五章　四十不惑

　　一、1. ×　　　2. √　　　3. ×

　　二、1. ×　　　2. ×　　　3. ×

　　三、1. ×　　　2. ×　　　3. √

　　四、1. √　　　2. ×　　　3. √

第六章　出来做官

　　一、1. ×　　　2. ×　　　3. √

　　二、1. √　　　2. √　　　3. ×

　　三、1. √　　　2. ×　　　3. √

　　四、1. ×　　　2. √　　　3. √

第七章　离开鲁国去卫国

　　一、1. ×　　　2. ×　　　3. √

　　二、1. ×　　　2. ×　　　3. ×

　　三、1. ×　　　2. ×　　　3. ×

　　四、1. ×　　　2. ×　　　3. ×

第八章　周游各国

　　一、1. ×　　　2. ×　　　3. √

　　二、1. ×　　　2. √　　　3. ×

　　三、1. ×　　　2. ×　　　3. ×

　　四、1. ×　　　2. ×　　　3. ×

第九章　孔子的学生们

　　一、1. √　　　2. ×　　　3. √

　　二、1. √　　　2. ×　　　3. √

　　三、1. √　　　2. √　　　3. √

　　四、1. √　　　2. √　　　3. √

第十章　最后的岁月

　　一、1. √　　　2. ×　　　3. ×

　　二、1. √　　　2. √　　　3. √

　　三、1. √　　　2. √　　　3. ×

　　四、1. √　　　2. √　　　3. √

词汇表

144

图书在版编目（CIP）数据

孔子的故事 / 敖雪岗编. -- 上海：上海外语教育
出版社，2024
（阅读中国·外教社中文分级系列读物 / 程爱民总
主编. 五级）
ISBN 978-7-5446-7434-8

Ⅰ.①孔… Ⅱ.①敖… Ⅲ.①汉语—对外汉语教学—
语言读物 Ⅳ.①H195.5

中国国家版本馆CIP数据核字（2023）第070450号

出版发行：上海外语教育出版社
（上海外国语大学内） 邮编：200083
电　　话：021-65425300（总机）
电子邮箱：bookinfo@sflep.com.cn
网　　址：http://www.sflep.com
责任编辑：王　璐

印　　刷：上海商务联西印刷有限公司
开　　本：787×1092　1/16　印张 10.25　字数 181千字
版　　次：2024年6月第1版　2024年6月第1次印刷

书　　号：ISBN 978-7-5446-7434-8
定　　价：49.00元

本版图书如有印装质量问题，可向本社调换
质量服务热线：4008-213-263